세종과 정조, 왕중왕을 다투다

푸른숲 역사 퀘스트

세종과 정조
왕중왕을 다투다

이광희·손주현 지음 | 박정제 그림

푸른숲주니어

프롤로그　조선의 '왕중왕'을 찾으라고? · 8

세종과 정조는 어떤 왕이었을까?

중국의 평화가 곧 조선의 평화? · 16

전성기를 맞은 명나라와 청나라

세종의 생각, 정조의 고민 · 23

세종, 못 말리는 백성 사랑 | 세종 따라쟁이, 정조

형 대신 임금이 된 세종 · 31

셋째인 충녕 대군을 왜 세자로 삼았냐고? | 양녕 대군이 세자에서 폐위당한 까닭
쫓겨난 거야, 양보한 거야?

나는 사도 세자의 아들이다 · 38

400년 종사를 잇게 하려고 | 글보다 그림이, 학문보다 무예가 더 좋다고?
사도 세자가 뒤주에 갇혀 죽은 까닭

조선 최고의 독서왕은 나야, 나! · 46

밥상머리에서까지 vs. 끼니도 잊은 채 | 몸이 아파도 vs. 생존을 위해서
독서는 장수가 칼을 가는 것과 같다?

말파봇의 정보 대방출

조선의 왕실 계보를 공개합니다! _조선 왕조 519년과 27명의 왕 · 54
임금 열전, 내가 제일 잘났어! _세계적으로 유명한 동서양의 왕 · 58

앞에서 끌고 뒤에서 미는 리더십 · 60

경의 말이 아름답다 vs. 그건 그렇지 않다 | 토론 유도형 vs. 토론 주도형
달라도 너무 다른 성격과 정치 환경

백성의 목소리에 더 귀 기울인 임금은? · 68

세계 최초의 여론 조사? | 민원 해결의 왕

누가 누가 더 잘 뜯어고쳤을까? · 78

듣고 뜯어보고 고치는 게 특기 | 서얼, 노비, 죄수도 모두 나의 백성

농업이 발달해야 백성이 잘살지 · 88

첫째, 우리 땅에 맞는 농사법을 개발하라! | 둘째, 별의 움직임을 살펴라!
셋째, 버려 둔 땅이 없게 하라!

말파봇의 정보 대방출

과거를 생생히 보존한 문화유산, '기록' _조선 시대에 쏟아진 세계 기록 유산들 · 96
서로 다른 이름, 동아시아 삼국의 왕 _우리나라와 중국, 일본의 군주를 부르는 호칭 · 100

돈이 돌아야 나라가 부강해진다 · 102

금난전권을 폐지하라! | 돈이 돌아야 경제가 살지

조선의 과학과 예술, 전성기를 맞이하다 · 111

조선을 위한, 조선에 의한, 세종 시대의 과학 | 15세기 과학 분야 세계 TOP 3 중 하나
남녀노소 누구나 즐기는 정조 시대의 예술

세종과 정조, 그것이 알고 싶다 · 117

고기만은 양보 못 하겠는데? | 필요하면 원수와도 타협해야지, 뭐

누구의 신하가 더 잘났나? · 127

나에겐 최고의 재상이 있다 | 시대를 대표하는 천재가 내 품에
집현전 vs. 규장각, 최고의 인재를 키우다

말따봇의 정보 대방출

조선 시대의 왕은 요즘의 대통령과 같을까? _왕정 vs. 대의 민주정, 공통점과 차이점 · 138
나라를 이끈 주인공은 바로 나야, 나! _동서양을 아우르는 명재상들 · 142

세종의 야심작, 한글 · 144

최고의 발명품 한글, 왜 만들었을까? | 어떻게 만들었을까? | 백성을 위한 천지창조

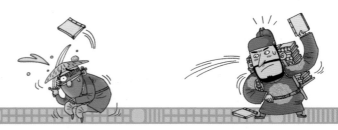

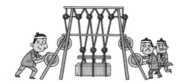

정조의 히든카드, 수원 화성 · 150

#1 왕의 힘을 만천하에 | #2 최첨단 기술로 세운 철옹성 | #3 백성을 위한 행복 도시

옥에 티를 찾아라! · 158

도덕성보다 능력이 먼저 | 내 말이 제일 아름답다

알파봇의 정보 대방출

조선의 국방, 누가 더 잘했나? _4군 6진과 장용영 · 168

펜을 들어 적을 막겠소! _세계사 속 칼이 강한 나라, 붓이 강한 나라 · 172

두 임금이 남긴 발자취 · 174

멍 박사의 첫 번째 하루 | 멍 박사의 두 번째 하루

에필로그 업적의 세종, 개혁의 정조 · 180

조선의 '왕중왕'을 찾으라고?

여러분, 안녕? 만나서 반가워. 뭐든지 답해 주는 '반짝반짝 역사 연구소'의 명쾌한 박사야. 한동안 눈코 뜰 새 없이 바빴지 뭐야. 조선의 신분 제도와 과거 제도 등등 여러 가지 궁금증에 대해 해설을 한 뒤로 여기저기서 수백 통의 메일을 받았거든.

"멍 박사님의 명쾌한 해설 덕분에 조선은 신분이 나누어진, 그러니까 지금과 완전히 다른 나라였다는 사실을 깨닫게 되었어요."

"멍 박사님 설명을 듣고 조선 시대에 노비가 생각보다 많았다는 걸 알았어요. 그렇지만 양반하고 노비 중에 누가 더 중요한 역할을 했다는 건지 좀 헷갈려요."

"박사님 설명 덕에 과거 시험이 엄청난 경쟁률을 자랑한다는 걸 알게 되었어요. 지금 시대에 태어난 게 진짜진짜 다행인 거 같아요!"

대충 이런 내용의 메일들이야. 우리 연구소가 명쾌하게 답을 해 주긴 하지만, 정답을 딱 알려 주진 않아. 그러니 좀 헷갈리기도 하고 아리송하기도 하겠지. 역사에 정답이 어떻게 있겠니? 이렇게 볼 수도 있고 저렇게 볼 수도 있는 게 역사지. 그럴 때일수록 다양한 자료를 비교하고 검토하면서 자신만의 답을 만들어 보려는 적극적인 자세가 필요한 거야. 아, 맞다!

에이, 박사님도 잘 모르시는 거 아니에요? ㅋㅋㅋ

이런 메일을 보내는 친구들이 있는데, 절대 아니거든! 자꾸 놀리면 알파봇한테 누군지 찾아내라고 할 거야. 좀 어리숙해 보여도, 인공 지능 코딩 대회에서 왕중왕까지 차지한 고수란 말이지.

자, 그러면 오늘은 또 어떤 질문이 들어왔는지 메일함을 열어 볼까?

☆　제목 : 세종과 정조 중에서 왕중왕은 누구인가요?

▲　보낸사람 : 왕세자

　　받는사람 : 멍 박사님

안녕하세요, 멍 박사님. (얘들이 진짜!)

저는 조선 중학교에 다니는 성은 왕이요 이름은 세자, 그러니까 왕세자라고 해요. (아이들 이름이 왜 다 이 모양이래?)

그래서 아이들이 저를 조선의 왕세자라고 자꾸만 놀리는데, 그다지 기분이 나쁘진 않아요. 근데 제 이름 때문인지 몰라도 조선 왕에 대해서 궁금한 게 참 많아요. (훌륭하다, 그래.)

'왕은 어떻게 정해지는 걸까? 왕은 뭐든지 자기 마음대로 할 수 있었을까? 다 같은 왕인데 왜 누구는 성군이고, 누구는 폭군일까? 조선의 왕과 지금의 대통령은 어떻게 다를까?'

이런 게 궁금하더라고요. 그래서 제 나름대로 내로라하는 역사책을 보면서 궁금증을 해결하고 있는데요, 이 문제만큼은 정말 모르겠어요. 뭐냐고요? 조선의 왕 스물일곱 명 중에서 '대왕'이라 부르는 왕은 세종 대왕과 정조 대왕뿐이잖아요. (듣고 보니 그러네?)

왜 그런 건가요? 머리가 커서 대왕인가요, 아니면 위대해서 대왕인가요? 아무래도 위대해서겠죠? 무슨 일을 했길래 대왕이라 부를 정도로 유명한지 궁금해요. 참, 그 둘 중에 누가 더 위대한 왕인가요? 세종과 정조 가운데 왕중왕은 누구인지 가려 주세요. 꼭이요!

박사님만 믿겠습니다! (하아, 이번에도 대략 난감이군.)

세종과 정조는 어떤 왕이었을까?

조선의 왕들 중에 왜 세종과 정조만 '대왕'이라고 하느냐, 이 문제는 메일을 보낸 세자가 이미 답을 알고 있네. 다른 왕들보다 월등히 위대한 업적을 남겨서 그렇지, 뭐. 그러니 그 질문은 패스!

그럼 다음 질문, 세종과 정조 중에 왕중왕이 누구냐? 아……, 참 어려운 질문이야. 어릴 때 친척들에게 "엄마가 좋아, 아빠가 좋아?"라는 무례한(?) 질문을 받고서, 무지무지 곤란한 나머지 대충 얼버무리면서 볼이 빨개졌던 경험이 있을 거야. 이것도 똑같아. 어마어마하게 곤란한 질문이란 말이지.

"탕수육을 먹을 때 소스를 부어서 먹는 게 더 맛있나요, 아니면 소스에 찍어서 먹는 게 더 맛있나요?"

예를 들어 이런 질문은 정말 답하기가 곤란해. 왜냐하면 정답이 있는 게 아니라 각자 취향에 따라 나는 이게 맛있다, 나는 저게 맛있다, 할 수 있거든. 세자가 한 질문도 마찬가지야. 왜냐고? 누군 국방이 더 중요하다 생각하고 누군 경제가 더 중요하다고 생각하는데……. 그저 업적 몇 가지 대충 비교해 보고서 누가 더 위대하다고 선불리 결론을 내릴 순 없는 노릇이잖아. "제 생각은 다른데요?"라는 말을 듣기 십상이지.

마음 같아선 왜 매번 답하기 곤란한 질문을 던지는 거냐고 되묻고 싶지만……. 큼큼, 내가 누구니? 어떠한 질문에도 명쾌하게 답을 해 주는 멍 박사 아니겠어? 이제부터 멍쾌, 아니 명쾌하게 알려 줄게!

조선에는 여러 명의 왕이 있었어. 조선을 세운 태조 이성계부터, 마지막 왕 순종까지 모두 스물일곱 명이야. 잘난 왕, 못난 왕, 이상한 왕 등 저마다 각양각색의 개성을 뽐냈지. 그 가운데서 세종은 네 번째 왕이고, 정조는 스물두 번째 왕이야.

그러니까 세종에게 정조는 손자의 손자의 손자의……. 휴, 한마디로 헤아릴 수 없이 까마득한 손자인 셈이지. 세대 차이가 이렇게 많이 나지만, 어쨌거나 세종과 정조는 오백 년 조선의 역사 속에서 가장 위대한 왕으로 꼽히곤 해. 음, 얼마나 위대하냐고?

우선, 세종은 조선 왕조를 대표하는 성군이야. 아니, 한글을 만든 업적만으로도 조선뿐 아니라 우리나라 역사를 통틀어 가장 위대한 왕이라고 할 수 있지. 이와 달리 정조는 개혁 군주의 대명사야. 여러 가지 개혁을 통해 조선 후기를 문화·예술의 부흥기로 이끌었거든. 한마디로 멋을 아는 왕이었다고나 할까?

그러니 두 왕을 비교하는 게 어디 쉽겠니? 이럴 때일수록 몇 가지 업적을 집어서 단순하게 비교할 게 아니라, 여러 가지 면을 종합적으로 살펴보려는 노력이 필요해. 왕위에 오를 때의 시대 상황이 어땠는지, 어떤 신하들이 도움을 주었는지, 성격과 취향은 어떻게 다른지, 백성을 얼마나 사랑했는지, 최고의 업적과 최악의 실수는 무엇인지, 그리고 마지막으로 오늘날까지 누가 더 큰 영향력을 미치고 있는지 등등 최대한 다양하게 살펴봐야겠지.

자, 지금부터 이러한 요소들을 하나하나 비교해 가면서 누가 더 위

대한지 알아보자고! 아, 그 전에 조선에서 왕은 어떤 존재였는지 간략하게 짚고 넘어가야겠어. 그래야 세종과 정조가 정말 위대하다는 걸 알 수 있을 테니까.

조선의 왕은 '절대자'이면서 '법'인 동시에 '아버지'이자 '하늘' 같은 존재였어. (뭔가 좋은 말은 다 갖다 붙인 거 같지?) 말하자면 '왕이 곧 국가'인 셈이야. 그러니 어떤 사람이 왕이 되느냐에 따라 태평성대가 될 수도 있었고, 살기 힘든 끔찍한 지옥이 될 수도 있었지. 막대한 권력을 가진 왕이 어떻게 다스리느냐에 따라 백성들의 삶이 결정되었으니까 말이야.

대표적인 폭군으로 불리는 제10대 임금 연산군이 왕위에 올라 있던 시대는 어땠을까? 어휴! 안 봐도 뻔하지, 뭐. 국가 재산을 죄다 탕진하고, 맘에 안 드는 선비들은 마음대로 죽이고……. 과도한 세금으로 백성들의 생활마저도 '헬조선' 그 자체였지.

반면에 세종과 정조는 커다란 권력을 휘두를 수 있는 조선 시대임에도 불구하고, 자기가 가진 힘과 권한을 백성들이 편안하고 행복하게 살아가는 데 사용했다는 공통점이 있어. 그래서 두 임금 모두 훌륭한 왕이란 평가를 받는 거야.

그럼 지금부터 역사적 사실을 목숨보다 소중히 여기는 인공 지능 역사 로봇 알파봇과 함께 세종과 정조의 시대로 달려가 보자고!

아, 맞다. 그런데……, 요즘 알파봇이 바둑에 빠져서 내 속이 좀 타. 스스로 진화하는 인공 지능이라더니, 뺀질뺀질 놀 궁리만 하는 쪽으로 진화를 하는지, 원. 하이고, 저 표정 좀 보라지? 자기 흉 봤다고 삐친 것 같네.

뭐, 탕수육 먹을 때 소스를 부어 먹는 게 더 맛있는지, 소스에 찍어 먹는 게 더 맛있는지부터 알려 달라고? 아휴, 그건 나도 잘 몰라. 알파봇과 그 문제 가지고 짬짬이 입씨름을 하고는 있지만, 아직도 결론을 못 내렸지 뭐야.

세종(宗)과 정조(祖), 왕을 부르는 호칭이 왜 서로 다를까?

세종과 정조는 흔히 대왕이라는 호칭을 붙여서 부른다. 그런데 왜 세종은 '종'이고, 정조는 '조'일까? 보통 우리가 알고 있는 왕의 호칭은 묘호인 경우가 많다. '묘호'란 왕이 죽고 난 뒤 종묘에 위패를 올릴 때, 살아생전의 공덕을 기리며 붙이는 이름이다.

묘호를 붙일 때 '종'은 덕이 높았던 왕에게, '조'는 국난을 극복하거나 나라의 정통을 새로 세운 왕에게 붙였다고 한다. 예를 들어 임진왜란을 극복한 선조, 조카인 단종을 폐하고 새로운 정통(?)을 세운 세조 등에 '조'가 붙었다. 그러니까 세종의 경우, 아무리 더 큰 업적을 이루었어도 세'조'는 될 수 없었던 셈이다. 정조의 경우는 좀 특이한데, 제26대 임금인 고종이 대한 제국으로 국호를 바꾸고 황제의 자리에 오르면서 증조할아버지의 묘호를 정조로 고쳤다고 한다. 정조의 원래 묘호는 정종이었다.

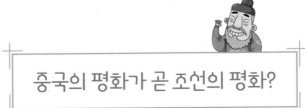

중국의 평화가 곧 조선의 평화?

세종과 정조는 각각 조선 전기와 후기를 대표하는 임금이야. 흔히 세종 시대를 조선의 '황금기'라고 부르고, 정조 시대를 조선의 '문예 부흥기'라고 부르지. '문예 부흥'이란 조선 전기 세종 시대에 맞이했 던 문화와 과학의 황금기를 정조 시대에 재현했다는 뜻을 담고 있어.

문예 부흥을 다른 말로 '르네상스'라고도 해. 르네상스는 중세 시대 가 끝날 무렵, 유럽에서 고대 그리스·로마 시절의 찬란한 문화적 전성 기가 다시 펼쳐진 걸 가리켜. 아무튼 그만큼 세종과 정조 시대에 문화 적으로 전성기를 이루었다는 뜻이지.

조선의 황금기와 문예 부흥기를 이끈 세종과 정조! 하필 이 두 왕이 전성기를 이끌어 낼 수 있었던 배경은 무엇일까? 당연히 두 사람 모두 잘나서겠지. 똑똑하고 총명한 데다 실천력까지 만렙!

하지만 전성기를 맞이한 이유를 단지 왕 한 사람만의 능력으로 설명하긴 힘들어. 개인의 능력이 아무리 뛰어나도 주변 환경이 받쳐 주지 않으면 큰 업적을 이루기 어려우니까.

조선보다 앞선 고려의 예를 들어 볼까? 고려의 제4대 왕 광종! (어디서인가 어렴풋이 들어 본 듯하지?) 광종은 강력한 카리스마로 왕권을 강화하고 과감한 개혁으로 고려를 확 바꾼 인물이야. 그런데 그게 광종 한 사람의 힘으로 가능한 일이었을까? 아니야, 중국에서 귀화한 쌍기를 발탁해 중국의 과거 제도를 도입하고, 과거로 뽑은 젊은 유학자들을 개혁의 원동력으로 삼았기에 가능했던 거지.

그렇다면 고려 말기의 제31대 왕인 공민왕은 어땠을까? 공민왕 역시 과감한 개혁 정책을 추진했어. 권력층인 권문세족의 땅을 빼앗아 백성들에게 되돌려 주고, 억울하게 노비가 된 사람들을 죄다 풀어 주었지. 그럼 공민왕의 개혁도 성공했을까?

아냐, 환경이 너무 안 좋았어. 북쪽에서 홍건적이 침입하지, 원나라에서 군대가 쳐들어오지, 남쪽에서 왜구가 침략하지……. 나라를 개혁하고자 하는 왕의 의지가 아무리 강해도 주변 환경이 불안하니까 결국엔 뜻을 이루지 못하고 말았어.

그런 의미에서 세종과 정조 시절 나라 안팎 사정부터 살피는 게 좋을 것 같아. 그래야 세종과 정조의 시대를 제대로 이해할 수 있을 테니까.

출발 →

조선 개국
1392

한양 천도
1394

2칸
뒤로 가시오.

세종 즉위
1418

조선 멸망
1910

을사조약
1905

동학 농민 운동
1894

3일
천하

나,
김옥균.

갑신정변
1884

• 방법 : 주사위를 굴려서 나온 숫자만큼 전진.
• 승패 : 한 바퀴 돌아 출발점에 먼저 도착하는 사람이 승리!

조선 왕

화성을 건설하느라 휴식이 필요합니다.
3회 쉬고 정조 즉위에서 다시 출발하세요.

강화도 조약
1876

안동 김씨

세도 정치
1800~1863

4칸
뒤로 가시오.

수원 화성 건설
1796

장용영 설치
1793

집현전 개편
1420

진지를 쌓아야 해.
4군 6진 개척
1443~1449

훈민정음 반포
1446

4칸
뒤로 가시오.

계유정난
1453

암록강과 두만강 유역에서
영토를 개척합니다. 2회 쉬세요.

임진왜란
1592~1598

나, 광해군!
물러나세요.
인조반정
1623

이 치욕을…
빠드드득…
병자호란
1636

골고루 나누어 줄게.
네, 전하!
벼슬
탕평책
1724~1800

나도 장사할 수 있어.
신해통공 1791

규장각 설치
1776

정조 즉위
1776

사도 세자 폐위
1762

4칸
뒤로 가시오.

전성기를 맞은 명나라와 청나라

먼저 나라 밖 상황부터 살펴볼게. 세종이 왕위에 오를 당시, 중국은 명나라 제3대 황제인 영락제가 다스리고 있었어. 영락제는 혼란스러웠던 중국의 정치 상황을 깔끔하게 정리한 다음, 정복 사업을 활발하게 펼쳐서 영토를 크게 넓혔지.

혹시 명나라 환관 '정화'라는 사람 얘기 들어 봤니? 콜럼버스보다 수십 년 앞서 아라비아와 아프리카 대륙까지 항해한 사람이야. 그것도 엄청난 규모의 무역 선단을 이끌고서. (어쩌면 우리한테는 영락제보다 정화가 더 유명할지도 모르겠네?) 이렇게 세계사에 이름을 길이 남긴 정화를 아프리카에 파견한 황제가 바로 영락제였어. 그만큼 영락제 때 명나라의 힘이 강했던 거지. 기억해 둬. 세종 시대 중국의 명나라는 전성기였다는 거!

그럼 정조가 왕위에 오를 때는 어땠을까? 그때는 명나라를 멸망시킨 청나라가 중국 대륙을 차지하고 있었어. 제6대 황제인 건륭제는 육십 년 동안 나라를 다스리면서 티베트와 타이완 등을 평정해 영토를 넓히고, 서양의 과학 기술을 발 빠르게 받아들여 청나라를 전성기로 이끌었지.

이처럼 조선 전기 세종 시대와 조선 후기 정조 시대는 중국을 비롯해 동북아시아의 여러 나라가 별 탈 없이 꽤 안정적으로 지내던 시기였어. 조선은 이런 중국과 사대 관계를 유지하며 나라를 정비하고 학문과 문화를 발전시켰지. 아, 여기서 잠깐! 혹시 이렇게 묻는 친구가 있을지도 모르겠네.

"에이, 박사님! 사대 관계라면 큰 나라를 섬기며 조공을 바치는 거잖아요? 중국에 굽실거리면서 나라를 발전시킨 게 무슨 자랑이라고 그러세요?"

사실 당시 사대 관계는 부끄러운 일이 아니었어. 사대 관계는 속국이나 식민지, 뭐 그런 의미하고는 사뭇 달라. 중국을 인정한다는 의미로 형식적인 조공을 바치면서 충돌을 피하는 외교 수단 중 하나였던 거지. 인구도 많고 힘도 센 이웃 나라와 굳이 얼굴을 붉히면서 사사건건 다툴 필요는 없잖아?

가까운 예로, 지금 미국과 세계 여러 나라의 관계를 들 수 있겠네. 우리나라를 포함한 대부분의 나라들은 모두 주권 국가이지만, 몇몇 분야에서는 미국의 간섭을 받기도 해.

미사일 개발할 때도 어느 거리 이상 날아가는 건 만들지 말아라, 자기네 무기가 좋으니까 어서 구매해라, 핵무기는 절대로 개발해서는 안 된다 등등. 그렇다고 그런 나라들이 미국의 속국이나 식민지는 아니잖아? 미국의 요청을 들어주는 대신, 무역이나 국방, 기술 이전 등에서 혜택을 보니까 서로 윈-윈 하는 거지.

잘 모르겠다고? 그럼 하나만 기억하자고. 세종과 정조가 왕위에 오를 무렵, 중국에서는 명나라와 청나라가 전성기를 누리고 있었다는 공통점! 세종과 정조는 중국과 원만한 관계를 유지하면서, 전쟁의 위협 없이 나라를 발전시키는 데 오롯이 집중할 수 있었던 거야.

만약 그때 주변이 혼란스런 시기였다면, 제아무리 세종과 정조라 해도 안정적으로 나라를 다스리기가 어려웠을지도 몰라. 복잡한 국제 관계의 여파가 조선의 외교·군사·경제·생활 모든 분야에 고스란히 영향을 미쳤을 테니까.

세종과 정조 시대의 나라 밖 사정을 살펴봤으니, 이제 나라 안의 상황은 어땠는지 한번 알아볼까?

되로 주고 말로 받는 조공 무역

조공 무역이란, 한 나라에 충성을 맹세하고 예물을 바치면서 우호를 맺는 형태의 외교 관계를 말한다. 조공 무역의 대표적인 예로 중국의 명나라를 들 수 있다. 몽골 제국을 몰아내고 중국 대륙을 차지한 명나라는 물산이 풍부하고 부유해 굳이 다른 나라와 교역할 필요성을 느끼지 못했다. 그래서 조공 무역으로 주변 나라들과 교류하고자 했다. 주변국들은 명나라의 앞선 문물을 받아들이고 교역을 하기 위해서 조공 형식을 갖출 수밖에 없었다. 강성한 명나라 바로 옆에 있던 조선 역시 조공 관계를 맺으며 평화를 유지했다.

그렇지만 조공 무역을 위해 예물을 바치는 건 양쪽 모두에게 쉬운 일이 아니었다. 예를 들어 조선에서 예물을 갖추어 보내면, 명나라에서는 그보다 더 값진 예물을 주어야 대국의 예의(?)에 어긋나지 않는다고 여겼다. 그래서 경제적 여유가 없을 때는 사절단을 우회적으로 거부하기도 했다. 조공을 바치는 조선 입장에서도 예물을 마련하는 일이 부담스럽긴 마찬가지였다. 세종 역시 명나라에 바치는 예물 중 조선 땅에서 잘 나지 않는 금·은을 제외하기 위해 오랫동안 외교에 공을 들였다. 그 결과, 금·은 대신 말을 바치는 걸로 바꿀 수 있었다고 한다.

세종의 생각, 정조의 고민

뭐? 세종과 정조는 너무 유명해서 웬만한 건 이미 알고 있으니, 업적을 줄줄이 다 얘기할 필요까진 없다고? 하지만 이건 모를걸. 세종과 정조의 '생각' 말이야! 간단히 말해, 두 사람의 머릿속을 들여다보잔 얘기지. 두 사람이 무슨 생각을 하고 있었는지 알아야 업적도 쉽게 이해할 수 있을 테니까.

자, 이제 우주 최강 인공 지능 로봇 알파봇이 나설 차례야. 알파봇을 불러서 두 사람의 머릿속을 분석해 달라고 부탁해야지.

알파봇! 어라, 이 녀석이 안 보이네? 어디 처박혀서 또 온라인 바둑을 두고 있는 거 아니야? 당장 호출해 봐야겠군.

알파봇, 어디니?

 어디긴요, 자료실이죠.

 자료실엔 갑자기 왜?

 박사님이 세종과 정조의 시대 배경에 관련된 자료를 뽑아 달라고 하셨잖아요.

 내가? 내가 언제? 시대 배경 이야긴 벌써 끝났는데?

 조금 전에 시키셨잖아요. 그러니까 사람들이 자꾸 박사님을 멍 박사라고 부르는 거예요. ㅋㅋㅋ

 너, 자꾸 까불면 오늘 충전 안 해 줄 거야! 그럼 바둑도 못 둘걸?

 아니, 제가 박사님 노비도 아니고……. 너무하시는 거 아니에요?

 됐고! 빨리 세종과 정조의 머릿속에 뭐가 들어 있는지나 분석해 봐.

갑자기 머릿속은 왜요?

두 임금 중에 누가 더 위대한지 답해 줘야 할 거 아냐? 안 봐도 답이 딱 나올 것 같긴 하지만……. 그래도 실수를 하면 안 되니까.

실수라니요? 무슨 실수요?

뭐긴 뭐야? 혹시라도 공정하지 못하단 소리가 나 올까 봐 그러지. 그러면 박사 체면이 뭐가 되겠니?

박사님한테 평가받는 세종 대왕과 정조 대왕 체면이 더……. ㅋㅋㅋ 그나마 사심 없이 역 사적 사실만 찾아내는 인공 지능 로봇인 제 가 있으니 다행이지 뭐예요!

그래, 눈물 나게 고맙다. 그렇게 자신 있으면 한 건 해 봐. 근데 따박따박 말대꾸만 하면서 왜 안 오는 거야? 빨리 와서 머릿속 분석 안 해?

아이참, 지금 간다고요!

세종, 못 말리는 백성 사랑

그럼 지금부터 세종의 머릿속을 분석해 보겠습니다!

너희는 어떤 단어가 가장 먼저 눈에 들어오나요? 앗, 아니지. 여러분께서는 어떤 단어가 가장 먼저 눈에 띄니? 어, 뭔가 이상한데? 높임말 기능이 업데이트되다 말았나 보네. 에이, 모르겠다. 그냥 편하게 얘기해야지.

보다시피 세종의 머릿속에 가장 크게 자리 잡고 있는 생각은 백성과 훈민정음이에요. 왜 그런지 엄청 궁금하죠? 엄청까지는 아니라고요? 쳇, 그러면 이유를 안 가르쳐 줄 거예요. 삐졌냐고요? 그럴 리가요. 뒤에 자세히 나오니까 기대하세요.

아무튼 세종은 앉으나 서나 백성 생각만 한 임금이었다는 사실을 꼭 알아 두세요. 훈민정음을 만든 것도 백성을 위하는 마음에서였대요.

다음은 책, 책, 책! 세종은 독서왕이었어요. 얼마나 책을 많이 읽었냐고요? 이것 역시 비밀이랍니다. 힌트 하나만 미리 드리면, 책을 너무 많이 읽어서 눈병이 날 정도였다나요. 요즘엔 다들 휴대폰으로 게임을 하거나 영상을 보느라 정신없잖아요? 세종은 책 보는 데 그만큼 빠져 있었다고 할 수 있겠네요.

다음으로 세종이 중하게 여긴 인물이 눈에 띄네요. 정승으로 유명한 황희 보이죠? 장영실도 한 자리 차지하고 있군요. 세종에게 장영실이라는 인물은 멍 박사님에게 저와 같은 존재였어요. 왜냐고요? 멍 박사님이 부탁한 자료를 제가 금세 만들 듯, 장영실도 세종이 말만 하면 뚝딱뚝딱 다 만들어 냈거든요.

의외로 여기저기서 눈에 띄는 게 있네요? 바로 고기예요. 세종은 고기반찬이 없으면 수라(궁궐에서 임금에게 올리는 밥을 높여 수라라고 불렀답니다. 다행스럽게도 역사 높임말은 업데이트가 되어 있네요!)를 들지 않을 정도로 육식을 좋아했어요. 이렇게 매일 기름진 음식을 먹고 허구한 날 방에 들어앉아 책만 읽으니, 점점 살이 찌는 데다 이런저런 병이 생길 수밖에 없었던 거죠.

또 뭐가 보이나요? 4군 6진이 보이죠? 세종은 우리나라의 국경선을 만든 임금이에요. 물론 거저 얻은 건 아니고요, 압록강과 두만강 주변에 살던 여진을 정벌해서 확보한 귀한 땅이랍니다. 세종이 온화한 성품에 누구에게나 늘 '허허' 했을 것 같지만, 4군 6진을 개척할 땐 카리스마 폭발이었다고 해요.

집현전도 눈에 띄네요. 세종 시대 학문, 과학, 문화의 황금기를 열수 있었던 원동력인 집현전! 집현전 학사들은 그야말로 '세종 키즈'라 불릴 만한 학자들이었어요. 세종은 집현전 학사들을 반강제로(?) 공부시키고, 개혁 정책을 뒷받침하는 동력으로 삼았지요.

다음은 양녕 대군. 음, 대군이란 왕비가 낳은 자식에게 붙이는 호칭이에요. 왕이 될 자격이 있는 사람이라는 뜻이기도 해요. 여기서 양녕 대군은 세종의 형님이에요. 근데 이 양반한테 문제가 좀 있었어요. 그래서 세종은 형인 양녕 대군을 늘 가슴 한쪽에 새기고 살았대요. 왜 그랬냐고요? 짜잔, 그 이유는 잠시 뒤에 공개합니다!

이상으로 세종의 머릿속 분석을 마치겠습니다. 다음은 정조.

세종 따라쟁이, 정조

정조의 머릿속에서 어떤 단어가 가장 눈에 띄나요? 세종처럼 백성이 가장 크게 자리 잡고 있죠? 정조는 자신이 만백성을 비추는 달이라고 생각했어요. 달 아래 강물이 만 갈래로 흩어져도 전부 달빛을 머금고 있잖아요? 그만큼 정조는 모든 백성을 자기 자식처럼 골고루 보살펴야 한다고 생각했답니다.

그 아래쪽에 규장각하고 수원 화성이 보이시나요? 정조가 이 두 가

지를 왜 그토록 중요시했는지는 멍 박사님이 곧 멍쾌하게 설명해 주실 거예요. 앗, 죄송! 명쾌하게.

정조는 세종 따라쟁이예요. 세종이 조선 전기의 독서왕이라면 정조는 조선 후기의 독서왕이죠. 세종이 집현전을 만들어 인재를 양성한 것처럼 정조는 규장각을 세워서 수많은 인재를 길러 냈어요.

정조 머릿속에서 가장 특이한 건 담배예요. 정조는 애연가, 즉 담배를 무지무지 좋아하던 골초였답니다! 담배를 금지해야 한다는 신하들의 상소에 뭐라고 대답했는지 아세요?

"내가 수십 년 동안 책만 읽어 가슴이 답답한 병이 있는데 담배를 피우면 저절로 사그라든다."

이랬다니까요? 게다가 이 좋은 담배를 온 백성이 피울 수 있도록 방안을 마련하라고 신하들에게 지시했다지 뭐예요. 지금 시대에 그랬다간 다음 날 바로 쫓겨났을 수도…….

정조의 머릿속에 들어 있는 것 중에서 가장 가슴 아프게 하는 건 아마도 사도 세자일 거예요. 사도 세자는 정조의 아버지예요. 정조가 왜 그토록 사도 세자를 머릿속에 담고 살아야 했는지……, 는 너무너무 슬퍼서 차마 지금 말씀드리기가 힘드네요. 다음 장에서 생생하게 살피게 될 거예요.

이상으로 반짝반짝 빛나는 정조의 머릿속 분석을 마치겠습니다!

수고했어, 알파봇. 역시 분석은 알파봇이 짱이다. 근데 성격이 좀 변한 거 같아. 왜 이렇게 까부는 거 같지? 뭐, 아무려면 어때? 분석만 잘하면 되지.

그럼 세종과 정조가 왕위에 오르는 과정에 대한 이야기를 시작해 볼까?

형 대신 임금이 된 세종

대왕으로 불리는 세종과 정조인 만큼, 임금이 되는 데는 별문제가 없었을 거라고 생각할 거야. 그렇지만 세종과 정조 모두 왕위에 오르는 과정에서부터 눈물 나는 비극을 겪었다지?

어떤 비극이었는지 알려 주기 위해 세종의 아버지인 태종과 형님인 양녕 대군이 우리 연구소로 찾아왔어. 물론 알파봇이 재빨리 모셔 온 거지. 사실 세종은 쫓겨난 형을 대신해서 왕이 되었다고 해. 태종은 왜 세자였던 양녕 대군을 폐위시키고 동생인 충녕(왕이 되기 전 세종을 부르던 호칭) 대군을 세자로 삼았을까? 그 이야기를 들어 보자고.

"태종 임금님, 반갑습니다. 앞으로도 종종 등장하실 거 같으니, 자기 소개는 건너뛰고 아들 이야기부터 해 주시면 좋겠습니다."

"나도 반갑네. 그래, 뭐 이번에는 충녕이 주인공이라고 하니 자식 얘기만 좀 해야겠군. 솔직히 내 입으로 이런 말하긴 좀 쑥스럽지만, 내가 충녕을 왕위에 앉힌 것 하나만으로도 조선의 진정한 주인공이라고 할 수 있지. 충녕이 왕이 되어 한글도 만들고, 달력도 만들고, 자격루도 만들고, 뭐 잘한 일이 한두 가지인가? 뭐, 내가 임금일 때 말이지, 나도……."

"전하, 대단히 황공한데요. 자꾸 다른 이야기로 빠지시면 독자들이 책을 확 덮어 버리는 수가 있걸랑요. 임금님 이야기는 그만하시고, 충녕 대군을 세자로 삼은 이야기나 계속해 주세요."

셋째인 충녕 대군을 왜 세자로 삼았냐고?

태종

흠흠, 그러지. 그나저나 내 입으로 가슴 아픈 가족사를 말하려 하니, 상처 난 데 소금을 뿌리는 것처럼 아리군. 내가 어떻게 왕이 되었는지는 자네도 잘 알지?

자랑은 아니지만, 왕자의 난을 일으켜 형제들을 죽이고 아버지와 싸워 가며 왕이 되지 않았나? 난 그게 다 아버지 태조께서 세자를 바로 세우지 않아서 벌어진 일이라고 생각했다네. 그래서 나는 왕이 되면 반드시 적장자를 세자로 삼겠다고 다짐했지. 적장자가 뭐냐고? 본부인에게서 난 첫째 아들이란 뜻이야.

그런 생각으로 일찌감치 첫째 아들 양녕을 세자로 삼고 왕자 교육을 아주 빡세게 시켰다네. 헌데 양녕은 제 할아버지를 닮았는지 활쏘기만 즐겨 하고 공부하는 건 영 싫어하지 뭔가. 난 그래도 포기하지 않고 양녕이 훌륭한 왕이 될 수 있도록 열과 성을 다했지.

그런데 말일세, 양녕이 중2가 될 무렵부터 본격적으로 삐딱선을 타더구먼. 하라는 공부는 안 하고 매사냥을 즐기지 않나, 건달과 기생을 몰래 궁궐로 불러들여 술판을 벌이지 않나. 하이고, 머리야. 허나 어쩌겠나? 자식 이기는 부모 없다고, 나는 참고 또 참으며 아들을 살살 달랬지.

그러던 어느 날, 내 인내심이 폭발하고 마는 사건이 터졌다네. 양녕이 기생을 들이는 걸로는 모자랐는지, 남의 여자를 빼앗은 뒤 아예 궁궐로 데려와 함께 살고 있지 뭔가. 나는 화가 머리끝까지 치밀었지만, 양녕이 데려온 여인을 궁 밖으로 내보내고는 두 번 다시 그러지 말라며 좋게 좋게 세자를 타일렀다네. 그런데 이 녀석이 정신을 못 차리고 궁에서 쫓겨난 여인을 또 데려와 아이까지 낳았지 뭔가!

이 자식을 세자에서 폐위할지 말지 한창 고민하고 있을 때 양녕이 직접 내게 편지를 썼다네. '그래, 진심으로 반성하

는 것 같으면 한 번만 더 용서해 주자.' 하고 편지를 딱 펼

쳤는데……. 세상에, 양녕이 뭐라고 썼는지 아나?

"아버지께서는 후궁을 몇 명씩이나 거느리면서 소자는 왜

안 되나요?"

아니, 반성은커녕 아비를 원망해? 거기서 나는 완전히 빡!

아이코, 미안하네. 속어를 써서……. 음, 몹시 화가 났다네.

그 사건으로 양녕을 세자 자리에서 내쫓고 어질고 총명한

셋째 아들 충녕을 그 자리에 올렸지. 알다시피 충녕이 바

로 세종이야.

세종의 형제, 양녕 대군과 효령 대군

세종은 장남이 아닐뿐더러 차남도 아니었다. 양녕 대군과 효령 대군이라는 형이 두 명이나 있었다. 평상시 같았으면 왕이 될 확률이 거의 없었다고 할까? 그런데 세자에 책봉되었던 양녕 대군이 불미스러운 일로 폐위되고, 태종이 셋째인 충녕 대군을 세자로 세우자 효심이 깊었던 효령 대군은 군말 없이 따랐다고 한다. 그 후 효령 대군은 불학(佛學)에 뜻을 두고 대신들의 반대를 무릅쓴 채 불교 강론을 강행하기도 했다. 효령 대군의 이런 변신이 정치적으로 세종에게 부담을 주지 않기 위한 행동이었다고 해석하는 시선도 있다.

세종이 왕위에 오른 뒤에도 양녕 대군은 방탕한 생활로 여러 번 구설수에 올랐다. 하지만 세종은 항상 그를 변호하며 벌을 내리지 않았다고 한다. 반면에 우애가 깊었던 효령 대군은 세종이 왕이 된 후에도 자주 만나 나랏일을 함께 논의할 정도로 가까이 지냈다. 먼 훗날 세조가 세종의 직계 손자인 단종을 폐하고 스스로 왕이 되었을 때, 양녕 대군과 효령 대군이 방관자의 입장을 취했던 건 지금도 아이러니하게 느껴지는 대목이다.

결과적으로 양녕을 폐하고 충녕을 세자로 삼은 건 신의 한 수였다고 할 수 있지. 태조께서 나라를 세우시고, 내가 기틀을 다진 조선을 내 아들 세종이 태평성대로 이끌었으니 말일세. 그래도 양녕을 생각하면 가슴이 아프다네. 어휴, 더 이상 얘기를 못 이어 가겠네. 흑흑.

양녕 대군이 세자에서 폐위당한 까닭

양녕 대군

허허, 누가 날 부른 게야? 매사냥에 한창 흥이 오르던 참이었는데. 뭐라? 나더러 폐위당한 이유를 직접 말하라고? 다신 떠올리고 싶지 않은 일이지만……. 후손들이 잘못 알고 있는 부분은 바로잡아야 하니, 까짓거 이야기해 보지.

방금 아바마마께서 내 방탕한 생활에 대해 언급하셨는데……. 흠, 모두 사실이야. 이제 와서 부인할 생각은 없어. 그런데 말이야, 아바마마의 말씀은 앞뒤가 바뀌었네. 아바마마께서 뭐라 하셨나? 내가 말을 안 듣고 자꾸만 사고를 치니까 할 수 없이 폐위시키고 아우인 충녕을 세자로 삼았다고 하셨지? 사실은 그 반대야! 아바마마는 셋째인 충녕을 미리 마음속에 점찍어 두시고서 기회만 엿보다가 '이때다!' 싶어서 나를 폐위시키신 게야.

허나 이제 와서 누구를 탓하겠나? 내가 아바마마 마음에 쏙 들도록 열심히 학문을 닦고 방탕한 생활을 하지 않았다면, 세자 자리에서 쫓겨나는 일은 없었겠지. 그래도 육백 년 만에 처음으로 진실을 털어놓으니 속이 다 시원하구먼. 어이쿠, 매가 뭘 잡았나 보네. 나 이만 가네, 멍박사.

쫓겨난 거야, 양보한 거야?

태종과 양녕 대군의 진술이 좀 엇갈리지? 태종은 양녕 대군이 하도 말썽을 부려 폐위했다고 하고, 양녕 대군은 아버지가 충녕 대군을 세

자로 삼기 위해 자신을 폐위시켰다고 하니까 말이야.

어떤 게 진실일까? 아무튼 양녕 대군이 자기 입으로 얘기했지만, 확실한 건 방탕한 생활을 안 하고 공부를 열심히 했으면 세자에서 폐위되는 일은 없었겠지. 이것만큼은 사실이야.

양녕 대군이 쫓겨나고 충녕 대군이 세자가 되자 세간에 뜬금없는 소문들이 돌았다지? 뭐, 지금도 그렇지만 예전에도 호사가들이 소문 내는 속도는 알아줘야 한다니까.

소문은 주로 양녕 대군의 패륜 행위에 초점을 맞춘 거였어. 여기에 양념 쳐서 한껏 부풀린 이야기였는데, 가끔은 똑똑한 양녕 대군이 태종의 마음을 미리 읽고 동생에게 세자 자리를 양보하고자 일부러(?) 사고를 쳤다는 풍문이 떠돌기도 했어. 하지만 이런 소문은 금세 잦아들었지. 왜냐고? 그야 세종이 왕위에 오르고 나서 곧 태평성대가 왔으니까.

세종이 건강까지 상해 가며 백성을 위한 정치를 펼친 건, 어쩌면 자의든 타의든 자신에게 왕위를 양보한 형에 대해 강한 책임감을 느꼈기 때문인지도 모르겠네.

나는 사도 세자의 아들이다

    세종이 왕이 되는 과정에 가슴 아픈 가족사가 숨어 있었네. 그런데 정조는 그보다 더한 비극을 겪었다지? 그 비극이란 바로 정조의 아버지 사도 세자의 죽음이야. 사도 세자와 관련된 사건을 알아보기 위해 이번에는 잠자던 영조 임금의 턱수염을 잠시 건드려 봐야겠다.

    "영조 임금님, 잠시 나와 주시죠."

    "나를 불렀나? 뭣이 궁금해서 나처럼 나이 든 노인을 부르는 겐가?"

    "정조 임금이 왕위에 오르는 과정을 알아보고 있는데요. 말씀드리기 황송합니다만……, 전하께서 1762년 윤5월에 아드님인 사도 세자를 뒤주에 가둬 죽게 하셨죠? 도대체 왜 그러신 건가요?"

400년 종사를 잇게 하려고

영조

아, 또 그 얘긴가? 눈물이 앞을 가려 눈을 뜰 수 없을 지경이군. 앞서 태종 할아버지께서 '가슴 아픈 가족사를 이야기하려니 상처 난 곳에 소금을 뿌리는 것처럼 아리다.'고 하셨더랬지? 난 소금을 뿌리는 게 아니라 아예 들이붓는 느낌이라네.

그래, 맞아. 내가 내 손으로 내 아들을 뒤주에 가두어 여드레 만에 죽게 만들었네. 허나 멍 박사, 목숨보다 아까운 자식을 제 손으로 죽게 만든 아비의 심정을 아는가? 그러니까 나보다 더 슬픈 사람이 있겠느냔 말일세.

내가 그리한 데는 다 이유가 있어. 사실 내게는 사도 세자 앞에 아들이 하나 더 있었다네. 효장 세자라 불리던 아이였지. 그런데 그 아이가 열 살 무렵에 갑자기 세상을 떠나고 말았어. 그때의 슬픔을 어찌 말로 다 표현할 수 있겠나? 그렇게 첫 아들을 여의고 뒤늦게 본 아들이 바로 사도 세자였네. 나는 사백 년 종묘사직을 이을 수 있게 되어 무척 기뻤지. 그래서 아들을 훌륭한 왕으로 만들기 위해 조기 교육을 시켰어. 말을 시작할 무렵부터 글을 가르치고, 서너 살이 되면서부터는 내 무릎에 앉힌 채 정사를 보았네.

그때 조선은 당쟁이 극심한 시절이었지. 신하들이 노론이니 소론이니 하면서 편이 갈리어 허구한 날 싸우고 난리도 아니었어. 아들이 그런 신하들에게 휘둘리지 않도록 하려고 조기 교육을 좀 독하게 시켰다네.

글보다 그림이, 학문보다 무예가 더 좋다고?

영조

그런데 말일세, 어느 날인지 기억이 가물가물한데……. 아무튼 세자가 내게 이런 말을 하지 뭔가? 자기는 글보다 그림이, 학문보다 무예가 좋다나 뭐라나. 눈앞이 캄캄해지더

노론과 소론이 뭐야?

1575년, 정권을 장악한 사림파가 관리들의 인사권을 쥐고 있는 이조 전랑 자리를 두고 다투다가 동인과 서인으로 갈라져 대립하는 '붕당 정치'가 시작되었다. 그 후 시간이 흐르면서 다툼이 더 심해지다가 제19대 임금인 숙종 때 서인이 권력을 장악했다. 하지만 서인 역시 노장 세력인 노론과 신진 세력인 소론으로 나뉘어 자기 당의 이익을 챙기는 데만 급급했다.

노론과 소론의 대립이 극에 달해 나라의 우환으로까지 여겨질 무렵, 제21대 임금인 영조가 왕위에 올랐다. 영조는 노론과 소론에서 인재를 적절히 등용하는 '탕평책'을 실시하고, 이조 전랑의 권한을 대폭 축소하는 등 왕권을 강화하기 위한 정책을 펼쳤다. 하지만 사도 세자가 폐위되는 사건이 발생하면서, 사도 세자를 동정하는 소론과 영조를 옹호하는 노론으로 나뉘어 다시금 대립하게 되었다. 그 뒤 정조가 즉위하면서 소론이 한때 힘을 얻었지만, 정조가 승하한 뒤에는 노론 세력이 오롯이 권력을 차지하였다.

군. 일국의 군주가 될 인물이 학문보다 무예가 좋다니? 물론 이상적인 군주는 문무를 겸비해야 하는 법이지. 허나 사도 세자는 도가 지나쳤다네.

그때부터 아들을 바른 길로 이끌기 위해 호통을 좀 세게 쳤지. 녀석은 생각보다 주눅이 많이 드는 것 같더군. 근데 그게 쌓이고 쌓여 어느새 마음의 병으로 자랐던 모양이야. 시간이 지날수록 자꾸자꾸 이상해지더라고. 반년 넘게 아비에게 아침 문안을 안 오더니 급기야 공부한다고 거짓말을 하고선 몰래 궁을 빠져 나가 유람을 다니질 않나, 결국에는 갑자기 미쳐 날뛰다가 궁녀를 죽이기까지 했다네.

세자의 병적인 행동이 깊어질수록 내 마음도 참담해졌지. 이런 아들에게 나라를 맡겼다가는 사백 년을 이어 온 나라의 대가 끊길까 봐 몹시 염려되었으니까. 그때 불현듯 태종 할아버지께서 세자를 폐위하신 일이 떠오르더군. 할아버지께서 양녕 대군을 폐위하고 충녕 대군을 세자로 삼으셔서 이 나라 조선이 태평성대를 누리지 않았던가?

난 그날 이후로 결심했네. 몹쓸 병을 앓는 세자를 폐위시키고 총명한 손자에게 대업을 넘겨주기로 말일세. 내가 사도 세자를 폐위한 건 오로지 사백 년 동안 이어 온 종사를 바로 잇게 하기 위한 것이었네. 매정한 아비라고 손가락질하지만 말고, 이런 나를 조금만 이해해 주게나. 흑흑.

사도 세자가 뒤주에 갇혀 죽은 까닭

사도 세자

멍 박사, 나 사도 세자일세. 불러내 줘서 고맙군. 그렇잖아도 오뉴월 뙤약볕 아래 여드레 동안 물 한 모금 못 마시고 뒤주에 갇혀 있던 참인데……. 밖에 나오니 이제 좀 살 것 같군. 근데 왜 뒤주에 갇히게 되었냐고?

하아, 내 잘못이 크지. 어느 때부터인지 정확하지는 않지만, 책만 펴면 가슴이 울렁거리기 시작하더군. 책에 적힌 글자들이 팔랑팔랑 춤을 추는 탓에 글을 읽을 수가 있어야지. 뭐? 요즘 수학 능력 시험을 앞둔 수험생들은 다 그렇다고? 아니……, 그 혈기왕성한 나이에 그런 걸 용케도 견디네그려.

이제 핑계는 그만두겠네. 아무튼 난 책 읽는 것보다 칼 쓰고 활 쏘는 게 더 좋았어. 내 기질이 그런 걸 어쩌겠나? 하지만 아바마마는 그런 나를 심하게 꾸짖으셨지. 어찌나 무섭던지, 꾸중을 들을 때마다 심장이 벌렁벌렁거리는 증세가 생겨났다네. 병세는 날이 갈수록 심해져서 아바마마가 동궁전에 납시는 발자국 소리만 들어도 심장이 쿵쾅대서 꼭 죽을 것만 같았지.

나는 어떻게든 벗어나고 싶었어. 그래서 아바마마를 향해 저주를 퍼붓고, 몰래 평안도 지역을 유람하고, 칼부림을

하다가 궁녀를 죽이기까지 했네. 이런 잘못된 행동 때문에
아바마마의 눈 밖에 난 것일 테지.

그런데 말일세, 명 박사. 내 박사한테만 몰래 얘기하는 건
데, 실은 그게 다가 아니었어. 내가 뒤주에 갇히게 된 데는
다른 이유가 숨어 있었지!

아바마마가 나라를 다스리던 당시, 극심한 당쟁으로 조정
이 매우 어지러웠다네. 아바마마는 노론과 가까웠는데, 세
자인 나는 어쩌다 보니 소론 쪽 신하들과 친하게 지내게
되었지. 그러자 노론 세력이 나와 아바마마 사이를 이간질
하며 소론과 친한 내가 왕위에 오르지 못하도록 음모를 꾸

나는 사도 세자의 아들이다

멎어.

뒤주에 갇히기 한 달 전, 형조 판서의 청지기였던 나경언이라는 자가 나서서 내가 역모를 꾀했다고 일러바쳤어. 다 노론이 꾸민 일이었지. 나는 그런 일이 없다고 극구 해명을 했고, 나경언도 자기가 꾸며낸 이야기라고 실토를 했지. 그런데도 아바마마는 의심을 풀지 않으셨어. 결국 그간의 내 잘못을 꾸짖으시며 목숨을 끊으라 명하셨다네.

내가 잘못했다고 빌고 있을 때 이미 창덕궁 휘령전 앞마당에는 뒤주가 등장했어. 아바마마는 내게 뒤주에 들어가라 명령하시고는 뚜껑에 대못을 박으셨지. 솔직히 뒤주에 들어갈 때만 해도, 거기에 갇혀서 죽을 줄은 상상도 하지 못했다네. 하루 정도쯤 고생하다가 밖으로 나오게 될 줄 알았지.

허나 하루, 이틀, 사흘, 그리고 나흘이 지나도 뒤주의 뚜껑은 열리지 않았어. 자식의 병이 깊으면 의원을 불러 고쳐 주는 게 부모의 도리요, 세자의 자격이 미흡하다면 폐위하면 그뿐인 것을……. 어찌하여 아바마마는 기어이 나를 죽음으로 내모셨는지 아직도 의문이라네.

사도 세자가 뒤주에 갇혀 죽은 사건은 가히 '아버지의 난'이라고 부를 만해. 아버지의 지나친 욕심이 세자를 병들게 만들었고, 결국 그걸 빌미로 아들을 죽였으니까 말이야.

그 후에 어떻게 되었을까? 사도 세자가 죽고 십여 년이 흐른 뒤 사도 세자의 아들, 그러니까 영조의 손자가 왕이 되었어. 그래, 바로 정조야. 정조는 아버지를 죽음으로 내몬 노론 세력의 위협에 둘러싸인 상황에서 왕위에 올랐어. 그런데 즉위식에서 신하들을 향해 당당히 이렇게 외쳤다지?

"과인은 사도 세자의 아들이다!"

억울하게 죽은 아버지를 잊지 않겠다는 말이었지. 사도 세자의 죽음에 책임이 있는 노론 신하들의 얼굴이 하얗게 질리는 순간이었달까? 하지만 정조는 연산군처럼 막무가내로 복수를 하지는 않았어. 아니, 할 수 없었다는 게 더 정확한 표현일 수도 있겠네. 정적인 노론 세력의 힘이 워낙 강했으니까.

이렇듯 정조는 왕위마저 불안불안한 환경에서 왕이 되었어. 세종의 아버지인 태종이 아들을 위해 모든 걸림돌을 싹 제거해 준 것과 달리, 정조는 반대파의 견제 속에서 어렵사리 왕위에 오른 셈이야. 정조와 세종의 처지가 사뭇 다르지? 이건 마치 백 미터 달리기를 하는데 출발선이 차이 나는 것과 마찬가지야. 정조가 훨씬 더 힘들게 왕이 되었고, 또 왕 노릇 하기도 꽤 어려운 상황이었다고 할 수 있지.

자, 세종과 정조의 가슴 아픈 사연을 알아보았으니, 이제부터 누가 더 위대한 임금인지 하나씩 파헤쳐 보도록 하자!

조선 최고의 독서왕은 나야, 나!

이제 세종과 정조 중 누가 더 위대한 왕인지 본격적으로 가려 보자고. 음, 무슨 이야기부터 시작할까? 두 임금이 어린 시절에 읽었던 책 이야기부터 해 볼까?

'될성부른 나무는 떡잎부터 안다.'는 속담이 있지? 이 속담에 딱 맞는 인물이 바로 세종과 정조였어. 두 사람 모두 어린 시절부터 못 말리는 독서광이었거든. 지금으로 치면 독서 영재였다고나 할까? 이런 습관이 나중에 왕이 되어 정치를 하는 데 크게 도움이 되었다고 해.

그런데 두 임금 모두 둘째가라면 서러워할 만큼 독서광이었지만, 책 읽는 스타일은 사뭇 달랐어. 어떤 차이가 있었느냐고?

밥상머리에서까지 vs. 끼니도 잊은 채

수라상 알지? 임금님표 밥상 말이야. 《세종실록》에 수라와 관련된 인상 깊은 이야기가 두 가지 등장해. 하나는 앞에서 이미 얘기한 대로 세종은 고기반찬이 없으면 수라를 들지 않을 정도로 육식을 즐겼다는 것이고, 다른 하나는 왕자 시절에 밥상이 들어온 뒤에도 책에서 손을 떼지 않았다는 기록이야.

이렇게 책을 좋아했으니 아버지 태종의 마음이 어땠겠어? 총명하고 어진 아들이 책을 손에서 내려놓지 않을 정도로 독서를 즐기니 그저 흐뭇해하지 않았겠느냐고? 그런데 꼭 그렇지만은 않았대. 왜 그런지는 잠시 뒤에…….

그렇다면 정조는 어땠을까? 책 읽기를 좋아한다는 점에서는 결코

고기가 없으니 영…….

왕자님, 제발 억지로라도 나물을 드셔야 합니다. 안 그럼 제가 곤장을…….

나, 어린 세종

세종에게 뒤지지 않았어. 아니, 오히려 능가할 정도였지. 세종이 밥 먹을 때도 손에 책을 들고 있었다면, 정조는 아예 끼니도 잊은 채 책을 읽을 정도였다고 하니까. 심지어 어린 시절에 이미 이렇게 이야기했대.

"독서보다 좋은 게 없는데, 사람들은 왜 책을 안 읽는 거지? 거참, 이상한 일일세."

마치 수학 능력 시험에서 만점을 받은 학생이 '공부가 제일 쉬웠어요!'라고 말하는 것과 비슷하지 않니? 세손 시절에도 정조는 하루 동안 읽을 분량을 미리 정해 놓고선 목표를 달성한 뒤에야 잠자리에 들었다고 해.

몸이 아파도 vs. 생존을 위해서

자, 그럼 조금 더 성장한 뒤에는 어땠을까? 불행하게도 세종은 여러 가지 병을 몸에 달고 살았어. 고기를 유난히 좋아한 식성 탓도 있지만, 그보다는 독서와 관련이 깊어. 허구한 날 방에 틀어박혀 책을 읽는 바람에 눈병에다 당뇨, 종기 등 병이란 병은 다 달고 살았거든. 쩝, 어둔 등잔불 밑에서 밤새 책만 읽고 운동은 하지 않았으니⋯⋯.

하긴 그 당시에 전등이 있었겠어, 헬스장이 있었겠어? 그 정도로 지독하게 책을 읽으면 몸이 견디지 못할 만도 하지. 우리도 책상 앞에 오래(?) 앉아 있으면 여기저기 몸이 쑤시잖아?

그래서 태종은 아들에게 '야간 독서 금지' 명령을 내렸어. 그런데 말을 들어야 말이지. 결국 태종이 직접 나서서 아들 방에 있는 책을 모조리 치워 버렸대.

근데 그 와중에 우연히 병풍 뒤에 책 한 권이 떨어져 있었다나 봐. 중국의 문인인 구양수와 소동파가 주고받은 편지를 엮은 《구소수간》이라는 책이었어. 책을 모조리 빼앗긴 세종은 그 책을 주워 들고는 수백 번, 아니 수천 번도 더 넘게 읽었다나 뭐라나.

그토록 학문에 집중하는 세종을 바라보는 아버지 태종의 심정은 아주 복잡했어. 속으로는 예뻐 죽을 지경이었지만, 눈앞의 현실이 너무나 안타까웠지. 왜냐고?

세종은 셋째 아들이잖아. 그 당시만 해도 장남인 양녕 대군이 세자자리를 굳건히 지키고 있을 때여서 세종이 왕이 될 확률은 거의 없었어. 태종은 왕이 되지도 못할 왕자가 책을 그렇게 많이 읽을 필요는 없다고 생각했지.

'충녕아, 책 좀 그만 읽어라. 넌 그저 교양을 쌓을 정도만 읽으면 된단다!'

속으로 이렇게 수만 번도 더 외쳤을 거야. 그런데 뜻밖에도 독서 덕분에 세종이 형 대신 왕위에 오르게 되었어. 앞서 직접 고백했듯이, 양녕 대군은 하라는 공부는 안 하고 궁궐 밖으로 나돌아 다니면서 연방 사고만 쳤거든.

'저렇게 놀기만 좋아하는 세자가 장차 임금이 된다면 이 나라 조선

은 어찌 될 것인가!'

속으로 한걱정하던 태종이 결국 양녕 대군을 세자 자리에서 쫓아 냈을 때, 마음속으로는 이미 학문이 깊고 성품이 어진 충녕 대군, 그러니까 세종을 세자 자리에 앉힐 생각을 품고 있었어. 그러니까 어린 시절부터 책 읽기를 좋아하고 공부를 많이 한 덕에 형 대신 세자가 될 수 있었던 셈이지.

정조의 경우는 상당히 달랐어. 자유로운 분위기에서 마음껏 책을 읽은 세종과 달리, 정조는 목숨을 걸고 책을 읽을 수밖에 없었거든. 거기에는 두 가지 슬픈 사연이 있어.

첫째로, 정조는 열 살 때 아버지 사도 세자가 할아버지 영조의 명령으로 뒤주에 갇혀 죽어 가는 모습을 지켜본 뒤로, 학문을 열심히 갈고 닦아 반드시 왕이 되기로 결심했어. 왕이 되어야만 아버지의 억울함을 풀어 줄 수 있다고 생각한 거야!

둘째로, 정조는 누군가 자기를 죽이려 할지도 모른다는 걱정에 휩싸여 잠을 편히 이루지 못했어. 그러다 보니 밤늦도록 책을 읽는 게 습관이 돼 버린 거야. 실제로 정조가 왕위에 오르고 나서 일 년 뒤, 존현각(왕이 잠자는 곳)에 자객이 침입하는 사건이 벌어졌지. 그때 정조가 밤늦게까지 책을 읽고 있었던 덕분에 목숨을 건질 수 있었대.

아무튼 세종이나 정조나 왕이 되는 과정이 마냥 매끄럽지만은 않았어. 그런 점에서 독서가 세종에게 왕이 될 자격을 주었다면, 정조에게는 목숨을 구한 방패와 같은 역할을 한 거야.

독서는 장수가 칼을 가는 것과 같다?

세종은 책을 일단 손에 잡으면 백 번 이상 읽었다고 할 정도로 다독과 정독을 했어. 그런데 딱히 필요성을 느끼지 못했던 걸까? 직접 책을 쓰지는 않았어. 그에 반해 정조는 정말로 많은 책을 읽고 꼼꼼하게 기록한 뒤 책으로 펴내기까지 했지.

그런데 세종과 정조는 왜 그렇게 많은 책을 읽은 걸까? 왕이 되면 한 달에 책을 몇 권씩 꼭 읽어야 한다는 법도 없었는데 말이야. 뭐, 물론 책을 좋아하니까 많이 읽었겠지. 하지만 그게 다는 아니야.

세종은 책을 읽는 게 '장수가 칼을 가는 것'과 같다고 여겼어. 조선 시대에 왕과 신하가 토론을 벌일 때면 주로 유교 경전이나 역사책에 나와 있는 글귀를 근거로 상대방을 설득하거나 반박하곤 했어. 그러

니까 책을 많이 읽으면 읽을수록 유리했지. 아마 독서량이 부족한 사람은 설득은커녕 토론에 참여할 수도 없었을 거야.

세종은 워낙 책을 많이 읽어서 신하들과 토론할 때 전혀 밀리지 않았어. 한번은 부득부득 한글 창제를 반대하는 신하에게 세종이 이렇게 소리쳤다고 해.

"네가 문자를 아느냐? 음운에 관한 책을 읽어 보았느냐?"

세종은 언어학에 관련된 책도 무지무지 많이 읽어서 척척박사 수준이었어. 그러니 세종보다 아는 게 부족한 신하는 바로 꼬리를 내리는 수밖에.

정조도 마찬가지! 정조 역시 책을 통해 임금이 갖춰야 할 도리를 익히고, 개혁 군주가 될 자질을 연마했어. 그런 노력 끝에 역대 왕 중에서 최초로 '군사'라고 불리는 왕이 되었지. 군사란 전쟁을 할 때 필요한 군사가 아니라, 임금 군(君), 스승 사(師)를 써서 '스승의 역할을 하는 임금'이란 뜻이야.

그리고 정조는 다른 사람이 쓴 책을 읽는 데 그치지 않고 스스로 글을 쓰기까지 했어. 아홉 살 때부터 일기를 썼는데, 그 일기를 《존현각 일기》라고 불러. 그런데 왕이 되고 나서도 일기 쓰기를 멈추지 않았다지? 그래서 《존현각 일기》를 바탕으로 신하들에게 왕의 일상과 업무를 기록한 《일성록》을 만들게 했지.

또, 자신이 쓴 글을 모아 《홍재전서》라는 문집을 남기기도 했어. 이 책은 조선의 임금이 직접 펴낸 최초의 문집으로서 큰 의미를 지니고 있는 작품이야.

세종과 정조가 위대한 업적을 많이 남길 수 있었던 건, 이처럼 책에서 얻은 깊은 지식을 바탕으로 백성을 위하는 정치를 펼쳤기 때문이야. 어때? 책을 읽어야겠다는 생각이 팍팍 들지 않니? 뭐? 혹시 책 읽기 싫어하는 왕은 없었느냐고?

안 되겠다, 알파봇! 이쯤에서 조선 왕조의 역대 왕들에 대한 이야기를 들려줘야겠는걸. 자, 준비됐지?

여기서 잠깐!

조선의 국정 일기, 《일성록》

《일성록》은 왕의 개인 일기로 시작해서 공식적인 문서가 된 기록이라고 할 수 있다. 정조는 세손 시절 자신의 행동을 돌아보기 위해 스스로 《존현각 일기》를 쓰기 시작했는데, 왕이 된 후 이를 공식 '국정 일기'로 만들고 《일성록》이라 이름 붙였다. 국정 일기가 된 후에는 왕이 직접 쓰는 게 아니라 신하들이 정리해 올리면 왕이 읽고 난 후 재가하는 형식으로 기록되었다. 백오십 년 넘게 기록된 《일성록》은 1910년, 조선의 마지막까지 계속되었다. 왕을 중심으로 한 국정 진행 상황이 모두 기록되어 있어서, 《조선왕조실록》이나 《승정원일기》에 나오지 않는 내용이 더러 발견되기도 한다.

조선의 왕실 계보를 공개합니다!
··· 조선 왕조 519년과 27명의 왕 ···

'태정태세 문단세, 예성연중 인명선, 광인효현 숙경영, 정순헌철 고순.' 이게 뭐냐고? 눈치 빠른 친구들은 이미 조선의 태조에서 마지막 왕인 순종까지, 왕 이름의 앞 글자를 따서 이었다는 걸 알아챘을 것이다.

'역사는 외우는 게 아니라며?' 하고 반문하는 친구도 있겠지만, 조선의 왕 이름은 외워 두면 유익할 때가 꽤 많다. 역사의 흐름을 일목요연하게 꿰뚫을 수 있기 때문이다. 즉 세종이 조선 시대 몇 번째 왕인지, 임진왜란(선조)과 병자호란(인조) 중 어느 것이 먼저였는지 정도는 금세 파악할 수 있으니까.

조선의 왕 27명 가운데 가장 먼저 언급되는 인물은 당연히 태조 이성계다. 고려의 무장 출신인 이성계는 위화도 회군을 계기로 실권을 장악한 뒤, 1392년에 고려를 무너뜨리고 조선을 세웠다.

그다음은 태종 이방원. 이성계의 아들이자 조선 건국에 큰 공을 세운 이방원은 '왕자의 난'을 일으켜 동생을 죽이고 형인 정종의 뒤를 이어 왕이 되었다. 이로써 부모 자식 간이 아니라, 형제에게로 왕위가 계승되면서 조선 역사의 물줄기가 살짝 뒤틀리게 된다.

그 후 '태정태세'의 맨 뒤, 바로 세종 시대를 맞이한다. 뭐, 세종은 조선,

아니 우리나라 역사를 통틀어 가장 위대한 임금으로 칭송받는 성군이니 더 설명할 필요가 없겠다. 세종에 이어 아들인 문종과 손자인 단종으로 순조롭게 왕위가 이어지는가 싶더니, 수양 대군의 등장으로 확 뒤바뀌게 된다. 세종의 아들인 세조가 '계유정난'을 일으켜 어린 조카 단종을 몰아내고, 스스로 왕이 되어 조선의 역사를 크게 바꾸어 놓기 때문이다.

여기서 세조의 손자인 연산군을 소개하지 않을 수 없다. 조선 최고의 폭군으로 유명하니까! 연산군은 폭정을 일삼다 '중종반정'으로 쫓겨나는데, 조선 시대를 통틀어 딱 두 번 일어났던 반정 가운데 첫 번째 반정이다.

그 후 별 탈 없어 보이던 조선은 선조 때인 1592년, 임진왜란이라는 거대한 폭풍을 만나면서 크게 기우뚱한다. 임진왜란은 조선을 뿌리째 뒤흔든 탓에, 조선을 전기와 후기로 나누는 분기점으로 자리한다.

1592년, 동래성에 침입한 왜군에 맞서 싸우는 장면을 그린 〈동래부순절도〉. 7년 동안 이어진 임진왜란 이후, 조선은 정치·경제·문화적으로 크게 변화하게 된다. ⓒ문화재청

전란 이후, 조선의 변화를 짚어지다

선조의 아들 광해군이 왕이 된 후, 조선은 다시 한 번 역사의 물줄기를 바꾸어 놓는 사건과 맞닥뜨린다. 바로 '인조반정'이다. 인조는 어머니와 동생들을 죽이는 패륜을 저질렀다는 이유로 광해군을 몰아내고 왕위에 오른

다. 하지만 얼마 뒤, 청나라의 침입(병자호란) 앞에 머리를 조아리는 수모를 겪으며 무능한 지도자라는 역사의 혹독한 평가를 받게 된다.

임진왜란과 병자호란이라는 두 차례 전란을 연이어 겪은 뒤, 조선의 왕들은 민생을 안정시키고 국가 재정을 튼튼히 만들기 위해 여러 가지 개혁 정책을 펼친다. 하지만 조선 후기로 접어들면서 정치적으로 '당쟁'이 심화되어 개혁 정책은 서서히 뒷전으로 밀리고 만다.

결국 숙종 때부터 당쟁을 막고자 하는 논의가 이루어지고, 영조 때 본격적으로 '탕평책'을 실시한다. 영조의 손자 정조는 아버지인 사도 세자가 뒤주에 갇혀 죽은 임오화변의 트라우마를 극복하고 왕위에 오른다. 그 후 탕평책과 개혁 정책을 무사히 안착시켜 문예 부흥기를 이끈다. 조선 전기를 대표하는 왕이 세종이라면, 후기는 누가 봐도 정조인 셈!

하지만 정조가 갑자기 죽은 후, 조선은 60년이 넘도록 암울한 시간을 맞이하게 된다. 순조, 헌종, 철종으로 이어지는 동안, 왕의 외척이 국정을 좌지우지하는 '세도 정치'가 시작된 것이다. 이 무렵 조선은 관직을 사고 파는 매관매직이 성행하고, 탐관오리가 판을 쳐서 홍경래의 난과 진주 농민 봉기, 나아가 동학 농민 혁명 등, 이른바 '민란'의 시기로 접어든다.

세도 정치 이후, 조선의 마지막

60여 년에 걸친 세도 정치는 고종 시절에 끝을 맺는다. 열두 살의 어린 나이로 고종이 왕위에 오르자, 아버지인 흥선대원군이 당쟁의 온상이 된 서원을 철폐하고, 양반에게 세금을 물리는 등 개혁 정책을 펼친 덕분이다.

하지만 프랑스와 미국 등 앞다투어 밀려드는 서양 세력에 쇄국 정책으로 맞서며 개혁과 개방의 기회를 잃고 만다.

그 후 직접 정치에 나선 고종은 일본과 맺은 강화도 조약을 시작으로 미국, 중국, 영국, 독일, 프랑스 등과 수교를 맺어 개방 정책을 실시하지만, 조선을 집요하게

1912년에 일본에서 제작한 대한 제국 황실 인물도. 오른쪽 상단이 고종, 그 아래가 조선의 마지막 왕인 순종이다. 가운데는 일본으로 끌려간 황태자 영친왕이다. ©국립고궁박물관

넘보는 일본의 침략을 막아내지 못하고 결국 1910년에 강제 병합된다.

왕조 국가는 보통 걸출한 인물이 나라를 세우고, 강한 왕이 나라의 기틀을 다지며, 슬기로운 왕이 나라를 발전시키고, 어리석은 왕이 나라를 망치는 경우가 많다. 조선 역시 마찬가지였다. 나라가 흥하든 망하든 그 책임은 왕에게 있었다. 따라서 왕의 능력과 자질이 나라의 운명을 결정짓는 가장 중요한 요소로 작용하는 셈이다.

지금 우리나라는 국민의 손으로 뽑은 대통령이 통치하는 민주 공화국이다. 그런데 지금도 누구를 대통령으로 뽑느냐에 따라 나라의 위상이 확확 바뀐다. 임기가 정해져 있는 대통령도 이렇게 중요한데, 왕이 곧 국가라고 해도 과언이 아닌 조선에서 왕의 존재가 얼마나 중요했을지는 충분히 짐작할 만하다.

임금 열전, 내가 제일 잘났어!
⋯ 세계적으로 유명한 동서양의 왕 ⋯

　정조가 왕이 되기 백여 년 전, 청나라에 강희제라는 황제가 등장한다. 제4대 황제인 강희제는 청나라 역사뿐 아니라 세계사에서도 위대한 군주로 평가받는다. 반란 세력을 진압해 나라를 안정시킨 데다, 대외적으로는 러시아 일부 지역과 몽골 지역을 차지해 중국 역사상 손에 꼽힐 만큼 넓은 영토를 손에 넣었다. 또 학문을 좋아해 말년에 병석에 누워서도 손에서 책을 놓지 않았으며, 하루에 삼사백여 건의 보고서를 일일이 다 읽고 처리할 정도로 나랏일에 열정적이었다고 한다. 서구의 학문에도 개방적이어서 로마 가톨릭이 중국에서 포교할 수 있도록 허락하기도 했다.

　61년 동안 전성기를 누린 강희제가 죽은 뒤, 아들인 옹정제에 이어 손자인 건륭제가 황제의 자리에 올랐다. 건륭제는 강희제보다 더 오랜 기간 황제의 자리에 있으면서 중국 역사상 가장 넓은 영토를 다스렸다. 또 학문과 예술을 좋아해 아침 일찍 일어나 보고서를 읽고, 책 읽기는 물론 신하들과의 토론을 즐겼으며, 술을 전혀 마시지 않았다고 한다. 이렇게 강희제에서 건륭제로 이어지는 청나라의 최전성기를 '강건성세'라 부르는데, 이 시기의 청나라는 경제와 문화에서 큰 발전을 이루었다.

　그런데 말년에 접어든 건륭제는 원명원이라는 황궁을 짓는 데 엄청난 돈을 들였다. 그가 값비싼 유럽식 궁전을 짓는 사이에 나라의 재정은 고갈되었고, 결국 그가 죽은 후 밀려드는 서양 세력에 대응할 힘마저 잃게 되었다.

건륭제가 황궁에 재현하려 했던 유럽의 궁전이 어디였을까? 바로 태양왕 루이 14세가 지은 베르사유 궁전이었다. 프랑스의 최전성기를 이끈 루이 14세는 유럽의 절대 왕정을 상징하는 인물로, 스스로 '짐이 곧 국가'라고 말할 정도로 절대 권력을 누렸다. 1643년, 다섯 살의 나이에 왕이 된 그는 귀족 세력을 제압하고 중앙 집권 체제를 완성했다.

루이 14세는 파리 근교의 별장이었던 베르사유 궁전을 유럽에서 가장 화려하게 변모시켰다. 예술 애호가이기도 해서 예술가와 작가들에 대한 후원을 아끼지 않은 덕분에 프랑스가 유럽 문화의 중심지가 되는 데 큰 몫을 했다. 이렇게 절대 권력의 상징으로 불렸지만, 그는 오십 년 넘게 매일 여덟 시간씩 정무를 보는 성실함을 유지했다고 한다.

루이 14세는 프랑스를 유럽에서 가장 강력하고 부유한 나라로 만들고 싶어 했지만, 국민들의 복지에는 그다지 관심이 없었다. 실제로 먹고살기 힘들어진 프랑스 국민들로부터 엄청난 원성을 들었다나? 백성을 위하는 마음이 먼저였던 세종이나 정조와는 크게 다른 점인 듯하다.

프랑스의 태양왕 루이 14세의 초상화. 자신을 '신의 대리자'라고 부른 걸로 유명하다. 화려함의 끝판왕이라 할 수 있다. ⓒWikiMedia Commons

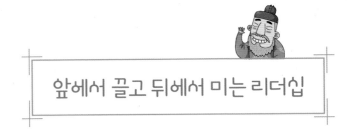

앞에서 끌고 뒤에서 미는 리더십

세종과 정조는 공통점이 참 많아. 둘 다 어릴 때부터 천재 소리를 들을 정도로 총명했고, 앉으나 서나 백성을 사랑하는 마음으로 나라를 잘 다스려서 까마득한 후손들에게까지 칭송을 받고 있지. 어디 그뿐이겠어? 나중에 살펴보겠지만, 두 임금의 흔적을 지금도 우리 주변에서 심심찮게 찾아볼 수 있을 정도야.

그런데 이렇게 공통점이 많지만, 신하들과 토론을 하거나 나랏일을 결정할 때의 리더십은 정반대였어. 세종은 뒤에서 밀어 주고, 정조는 앞에서 이끄는 식이라고 할까?

경의 말이 아름답다 vs. 그건 그렇지 않다

나랏일을 논의할 때 세종은 일단 신하의 말에 긍정을 한 뒤 자기가 하고 싶은 말을 하는 스타일이야. 한번은 어떤 신하가 황희 정승의 잘못을 비판하면서 벌을 내려야 한다고 주장했어. 그러자 세종은 이렇게 대답했지.

"경의 말이 참으로 아름답다. 허나 아직 죄가 밝혀진 바 없으니 벌할 수 없다."

이런 식이야.

그런데 정조는 정반대였어. 신하의 말에 일단 "그건 그렇지 않다."고 부정부터 한 다음에 말을 이어 가는 스타일이지. 심지어 "경의 말은 참 한심하다!"라고 직설적으로 반박하기도 했어. 그렇다고 정조가

매번 신하의 말에 반대만 한 건 아니야. 정조도 때로는 신하의 말에 긍정을 한 뒤, 자신의 의견을 덧붙이기도 했으니까. 그래도 정조는 다른 사람의 의견을 부정하면서 말을 시작하는 경우가 많았다고 해.

왜 이런 차이가 있는 걸까? 여러 가지 이유가 있는데 그건 잠시 뒤에 알아보기로 하고, 우선 통치 스타일에서 두 임금의 다른 점을 하나 더 살펴볼게. 바로 토론을 이끄는 방식이야.

토론 유도형 vs. 토론 주도형

세종은 토론을 유도하고, 정조는 토론을 주도하는 스타일이었어. 예를 들어 볼까? 세종은 흉년이 들어 백성들을 어떻게 구제하면 좋을지 토론을 할 때, 일단 "경들의 의견을 말하라."라고 하면서 한발 뒤로 빠지곤 했어. 신하들에게 허심탄회하게 말할 기회를 주는 거지.

그런데 세종이 즉위한 초기에는 신하들이 자기 의견을 거의 표현하지 않았대. 임금이 워낙 똑똑하고 아는 게 많으니까, 자기들이 기껏 토론해 봐야 더 나은 의견이 나오지 않을 것 같았겠지.

그럴 때 세종은 신하들에게 적극적으로 의견을 말하라고 하면서 기다려 줬어. 만약 신하들 사이에서 찬반 의견이 갈리면 충분히 토론을 거친 뒤에 결정을 내렸지. 토론 중에도 말을 아끼면서 많이 들어 주는 편이었다고 해. 그러다 마지막에 의견을 종합해서 결론을 내리고, 일을 책임질 신하를 정한 뒤 그 사람에게 프로젝트를 전적으로 맡기는 스타일이었지.

반면에 정조는 적극적으로 토론을 주도하는 쪽이었어. 가르치기 좋아하는 선생님 스타일이랄까? 자기가 정해 놓은 목표가 있으면 그것을 관철시키기 위해 신하들을 적극적으로 설득하려고 했어. 어떨 때는 협박까지 하면서 말이야! 정조가 어전 회의 때 하도 말을 많이 하는 통에 한 신하가 대놓고 이렇게 비판한 적도 있었대.

"임금의 말은 간단명료하고 중후해야 하는데, 전하께서는 말씀이 너무너무 많으십니다요."

휴, 어느 정도였는지 알 만하지? 그러거나 말거나, 정조는 항상 자신의 목표를 딱 정해 놓고 토론을 그쪽으로 끌고 가곤 했다지.

달라도 너무 다른 성격과 정치 환경

어때, 많이 다르지? 세종과 정조는 신하를 이끄는 리더십이 왜 이렇게 달랐을까? 다 그만한 이유가 있어. 타고난 성격이 다르고, 각자 처한 정치 상황도 달랐기 때문이야.

우선 성격을 살펴볼까? 세종은 자신을 잘 드러내지 않는 성격이었어. 말을 가급적 적게 하고 항상 겸손한 태도를 취했지. 임금 자리에 오른 후 꺼낸 첫 마디가 뭔지 알아?

"내가 잘 모르니 경들과 의논하여 신하들에게 벼슬을 주겠다."

이 말을 듣고 잔뜩 긴장하고 있던 신하들이 속으로 함박웃음을 지었을 거야. 신하들과 함께 의논해서 결정하겠다는 세종의 겸손한 성격이 잘 드러나는 대목이라고 할 수 있겠네.

그렇다고 세종이 마냥 물렁물렁한 임금은 아니었어. 자기가 옳다고 생각하는 건 뜻을 굽히지 않고 기어이 이루고 마는 카리스마가 있었지. 앞에서 세종의 머릿속 들여다봤지? 그때 '4군 6진'이라는 단어를 봤을 거야. 4군 6진이야말로 세종의 강직한 성품을 보여 주는 좋은 일화라고 할 수 있어.

압록강과 두만강 건너 지금의 만주 지역에 살던 여진족이 조선 땅을 침범했을 때 일이야. 여진족이 쳐들어와서 우리 백성들을 못살게

조선 초기의 외교 관계

조선은 건국 후부터 명나라와 친선 관계를 유지했다. 사대 관계를 맺고 조공을 바치며 명나라의 선진 문화를 받아들인 것이다. 반면에 북쪽 변경 지역의 여진족과 남해안을 자주 침범해 약탈을 일삼는 왜구에게는 강경책과 회유책을 번갈아 사용했다.

말하자면 세종 시절 압록강과 두만강 주변에 살던 여진족을 몰아내고 4군과 6진을 설치한 뒤 주민을 이주시켜 살게 한 건 강경책이고, 무역소를 만들어 필요한 물건을 거래하도록 하고 귀순한 여진족에게 토지를 주어 정착하게 장려한 건 회유책이라고 할 수 있다. 왜구도 마찬가지. 제포와 부산포, 염포, 이렇게 세 개 항구를 열어 왜가 무역할 수 있게 길을 열어 주며 회유하기도 했고, 세종 시절에 이종무가 쓰시마섬을 정벌하는 등 강경하게 대응하기도 했다. 이렇게 강경책과 회유책을 번갈아 사용하는 외교 정책을 '교린'이라고 부른다.

이외에도 류큐(현재 일본의 오키나와) 왕국과 동남아시아의 여러 나라와도 교류했는데, 이들이 각종 토산물을 문방구, 불경 등 조선의 선진 문물과 교환해 가는 방식으로 이루어졌다.

굴자, 여러 신하가 한목소리로 말했어.

"북쪽 오랑캐들은 성질이 더럽기로 유명하니 저들의 요구를 들어주고 적당히 타협해서 돌려보내는 쪽이 나은 줄 아뢰옵니다."

하지만 세종은 신하들의 의견을 단호하게 물리쳤어. 오히려 최윤덕과 김종서를 파견해 여진족을 쳐부수고 압록강과 두만강 유역에 4군과 6진을 설치했지. 오랑캐를 살살 달래자고 주장했던 신하들은 엄청 뻘쭘했을 거야.

한글을 만들어 백성들에게 퍼트리려 할 때도 마찬가지였어. 최만리라는 신하가 끝끝내 한글을 반포하는 데 반대하자, 세종은 그를 의금부에 하루 동안 가두면서까지 뜻을 굽히지 않았지. 그런 경우를 빼면 세종은 거의 신하들에게 온화하고 부드러운 편이었어.

정조는 온화한 세종과 정반대였지. 상당히 격정적이었어. 아버지인 사도 세자의 무덤을 옮기던 날, 무덤 위 잔디를 쥐어뜯으며 울부짖는 통에 손톱이 다 상할 정도였다니……, 성격이 어떤지는 더 말 안 해도 알겠지? 이런 격정적인 성격이 신하들과 소통할 때도 그대로 드러났다고 해. 정조의 열정적인 태도도 아마 그런 성격에서 비롯되었을 확률이 매우 커.

자, 성격은 그렇다 치고 정치 환경은 어떻게 달랐을까? 세종이 형 대신 임금이 되었다는 이야기는 앞에서 했지? 실은 세종의 아버지 태종은 세자를 갈아 치운 것 말고도 많은 일을 했어. 세종의 앞길을 가

로막을 것 같은 왕족과 친척들을 싹 다 제거해 버렸거든. 세종의 가족사로 보면 더할 나위 없는 비극이지만, 그 덕분에 세종은 왕이 되고 나서 안정적으로 정치를 할 수 있었지. 사사건건 트집을 잡을 만한 인물이 주변에 아무도 남아 있지 않았으니까.

반면에 정조는 외롭다 못해 절박한 처지였어. 아버지 사도 세자가 정치적으로 적대 세력이었던 노론의 꼼수로 뒤주에 갇혀 죽는 비극을 겪은 건 둘째치고, 정조 스스로도 세손 시절에 생명의 위협을 느낄 정도였으니까 말이야.

그래도 왕이 되었으니까 게임 끝인 거 아니냐고? 천만에, 정조는 왕이 되어서도 서슬 퍼런 정적들에게 둘러싸여 있었기에, 쉴 새 없이 반대파와 정치적 대결을 해야만 했어. 그런 복잡한 상황 속에서도 위기의 조선을 개혁해야겠다는 신념을 갖고, 일단 목표가 정해지면 강하게 밀어붙이곤 했지.

사실 정조도 알고 보면 부드러운 임금이었어. 어릴 때부터 그토록 전전긍긍하며 살았다면서 어떻게 부드러울 수가 있냐고? 아니, 여기 증거가 있대도!

정조 대왕께서 규장각 신하들을 창덕궁 후원으로 불러 연회를 베풀어 주셨다. 부용정 연못에 배를 띄우고 시를 짓게 하셨는데, 제시간에 짓지 못하면 연못 가운데 있는 조그만 섬에 유배를 보냈다가 곧 풀어 주셨다.

정조의 남자 정약용이 아버지처럼 따뜻한 정조의 마음을 도저히 기록으로 남기지 않을 수가 없다며 1795년에 쓴 글이야. 어때? 정조와 신하 사이에 친근함이 느껴지지 않아? 이걸 보니 정조가 마냥 꼿꼿하고 강하기만 한 임금은 아니었다는 생각이 들지?

백성의 목소리에 더 귀 기울인 임금은?

유도하느냐 주도하느냐의 차이는 있지만, 세종과 정조 모두 신하들과 토론하는 걸 즐긴 임금인 건 분명해. 어휴, 신하들은 무지 피곤했겠다. 그러면 백성들과의 소통은 어땠을까? 근데……, 너무 쉴 틈 없이 설명했더니 나야말로 피로감이 훅 밀려오는걸. 이번 해설은 알파봇한테 넘기고 잠깐 쉬어야겠다.

"알파봇, 드디어 네가 나설 차례야! 세종과 정조가 백성과 어떻게 소통했는지 분석 좀 해 줄래?"

"설마 저한테 떠넘기고 멍~ 때리려고 그러시는 건 아니죠?"

"하는 짓마다 너무 귀여워서 전원을 확 꺼 버리고 싶게 만드는 인공 지능 로봇 같으니라고. 잔말 말고 어서 빨리 움직여! 지금 조선에서 뭔가 중요한 행사가 열리는 거 같더라. 무슨 일인지 자세히 알아보고 와. 출동!"

"알겠어요. 임무를 무사히 마치고 오면 하루 종일 바둑 둘 수 있게 해 주시는 거예요."

"아니, 이젠 알파고 최신 버전도 네 상대가 안 되어서 재미없다더니 또 바둑을 두겠다고? 무슨 인공 지능이 게임을 못 해서 안달이냐? 알았다, 알았어. 얼른 갔다 와."

세계 최초의 여론 조사?

네, 저는 지금 충청도의 한 고을 동헌 마당에 나와 있습니다. 수많은 백성들이 줄을 서서 기다리고 있는데요. 무엇을 하는 건지 고을을 다스리는 사또님을 만나서 알아보겠습니다.

사또 어른, 지금 고을 주민들이 뭘 하고 있는 거죠?

사또

보다시피, 임금님께서 백성들을 상대로 여론 조사를 하고 있는 거야.

무슨 문제로 여론 조사를 하는데요?

사또

세금 제도를 고치려는데, 백성들이 찬성하는지 반대하는지 물어보는 거지.

아하, 그렇군요! 세종은 참 이상한 분 같습니다. 왕이면 그냥 명령을 내리면 되지, 백성들 의견까지 일일이 묻다니요? 하지만 세종이 누군가요? 백성을 편안케 하기 위해서라면 물불 안 가리는 분이니 충분히 이해할 만하죠. 그럼 다시 사또님을 모시고 여론 조사를 실시하게 된 배경에 대해 들어 보겠습니다.

모든 백성을 대상으로 여론 조사를 하는 건, 오백 년이 지난 21세기에도 하기 힘든 일 같은데요. 어쩌다 조선 시대에 이렇게 대규모 여론 조사를 하게 된 거죠?

사또

그야 임금님께서 백성을 워낙 사랑하시기 때문이 아니겠
니? 백성에게 부담이 되는 세금 제도를 개혁하자는 논의는
1427년에 임금님의 지시로 시작되었지. 그 전까지는 중앙
에서 파견된 관리가 풍년인지 흉년인지를 조사한 뒤, 그에
따라 농민들에게 세금을 내게 했어. 풍년이면 많이, 흉년
이면 적게 내는 거야. 근데 점차 관리들이 제멋대로 세금
을 매기는 바람에 농민들의 피해가 심각해졌단 말이지. 그
래서 세금 제도 개혁안을 만들어서 백성들의 찬반 의견을
물으신 거야.

그렇군요. 혹시 여론 조사를 하는 데 어려움은 없었나요? 장난으로
답변한다든지, 아예 응답을 안 한다든지…….

사또

예끼, 임금님이 하시는 일에 누가 감히 훼방을 놓는단 말
이더냐! 뭐, 사실 어려움이야 많았지. 우선 '걷던 대로 걷
어야지.' '다 뜯어고쳐야 해.' 등 신하들 사이에서도 의견
이 분분했어. 그래서 임금님께서 백성들을 상대로 여론 조
사를 실시하라고 하신 거야. 어명에 따라 조선 팔도에 거
주하는 관리와 농민들을 대상으로 여론 조사를 실시했지.
토지를 비옥도에 따라 6등급으로 나누는 전분 6등, 한 해
를 풍년과 흉년에 따라 9등급으로 나누는 연분 9등, 이 두

가지를 섞어서 세금을 매기려 하는 데 찬성과 반대를 묻는 것이었어. 근데 조정의 관리들도 의견이 분분한데 백성들 의견이야 오죽하겠니?

그랬군요. 그럼 여론 조사 결과가 어떻게 나왔는지 데이터를 보실까요?

찬성이 약 57%로 높게 나왔는데도 세종은 당장 새로운 법을 시행하라고 하지 않았어요. 오히려 반대하는 의견도 만만치 않으니 왜 반대하는지 파악해 미비점을 보완하라고 지시했대요. 그 작업에 또 몇 년이 걸렸다지요. 여전히 새로운 제도를 반대하는 신하들까지 설득하느라, 무려 십칠 년 만인 1443년에야 새로운 세금 제도를 시행한다고 선언했다지 뭐예요.

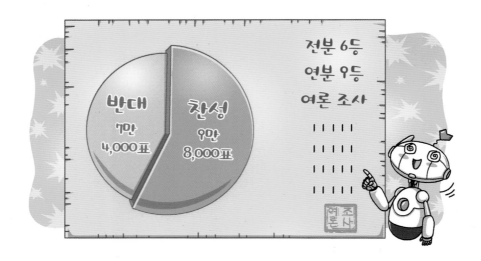

세금 제도 하나 개혁하는 데 십칠만 명을 상대로 여론 조사를 하고, 또 십칠 년 동안 제도를 보완해 개혁안을 만들다니! 세종의 백성 사랑은 정말 대단하네요.

그럼 임무를 무사히 마쳤으니, 전 이만 연구소로 돌아가도록 하겠습니다. 뭐라고요? 잠깐 대기하라고요?

민원 해결의 왕

그래, 알파봇. 이왕 거기까지 갔으니 한 군데만 더 다녀와. 지금 백성들이 꽹과리를 치며 난리가 났다는데 뭔가 좋은 일이 생겼나 봐. 어서 출동!

하, 멍 박사님 변덕 덕분에 저만 발바닥에 땀이 나네요. 어쩔 수 없죠, 뭐. 임무는 임무니까. 그럼 정조 임금 시대로 지금 바로 날아가 보겠습니다.

짜잔! 저는 지금 정조가 사도 세자의 능에 행차하는 현장에 나와 있습니다. 왕의 행차라니 엄청 근엄하겠죠? 어……, 그런데 보시는 대로 백성들이 꽹과리를 치며 어가 행렬을 막고 난리도 아니에요. 경사가 난 줄 알았더니 아닌가 봐요. 왜 저러는지 백성 한 분과 잠깐 이야기를 나눠 보겠습니다.

할머니, 감히 임금님의 행차를 가로막고 꽹과리를 치다니, 여기서 이러시면 안 되는 거 아닌가요? 그러다 공무 집행 방해죄로 잡혀가시면 어쩌려고요?

할머니

안 되긴 뭐가 안 돼? 격쟁 몰라? 나라님이 행차할 때 징이나 꽹과리를 치면서 민원을 해결해 달라고 요청하는 제도 말이야. 엄연한 합법 행위라고!

아, 지금 격쟁을 하시는 거군요. 그래도 임금님한테 혼날까 봐 걱정되는걸요.

할머니

네 걱정이나 해. 난 격쟁해야 하니까, 아이고, 임금님! 저는 통영에 사는 어부의 아내이온데, 해마다 궁궐에 바쳐야 하는 전복의 양이 너무 많아서 우리 어부들이 전복을 따느라 사시사철 고생이 이만저만이 아니옵니다. 백성들의 딱한 사정을 헤아려 주십시오.

정조

알았다. 내 앞으로 수라상에 전복을 올리지 못하도록 할 것이다. 그리 알고 돌아가라.

어라? 정조 임금께서 백성의 억울한 사연을 듣더니 그 자리에서 바로 문제를 해결해 주는군요. 듣던 대로 성격 한번 화끈하시네요. 그럼 이런 일이 자주 있는지, 백성들과 이야기를 조금 더 나눠 보겠습니다. 저기요, 할머니. 임금님께서 격쟁으로 민원을 해결해 주시는 일이 자주 있나요?

할머니

그렇고말고. 재위 기간에 예순여섯 번의 능 행차를 하셨는데, 이때 격쟁을 통해 모두 삼천오백오십오 건의 민원을 해결해 주셨지. 어디 그뿐인가? 즉석에서 해결이 안 되는 문제는 궁궐로 돌아가신 뒤 신하들을 통해 해결하도록 하셨어.

우아, 정조는 말 그대로 민원 해결의 왕이네요. 자신의 권력을 백성들의 고민 해결, 그것도 바로바로 처리해 주는 데 쓴 셈이지요. 다른 임금들도 정조처럼 백성들의 억울한 사정을 직접 해결해 줬는지 궁금해지는걸요?

이상, 세종과 정조의 소통 현장에서 반짝반짝 역사 연구소 전문 리포터 알파봇였습니당!

알파봇, 고생 많이 했네. 백성들의 억울한 사정을 왕이 직접 듣고 해결해 주는 격쟁이 정조 때만 있었던 건 아니야. 조선 전기 제9대 임금인 성종 때부터 있던 제도인데, 다른 왕들은 격쟁을 엄청 귀찮아했어. 그래서 조선 후기에는 그저 전설로 내려오는 옛이야기로만 남게

되었지. 그렇게 다른 임금들은 한 해에 한 번 할까 말까 한 격쟁을 정조는 행차 때마다 했으니, 정말 대단한 일 아니겠어?

이쯤 되면 정조가 격쟁을 꽤나 즐긴 게 아닐까 싶어. 그런데 정조는 격쟁을 왜 그토록 많이 허용했을까? 아마 백성들의 목소리를 직접 듣고 싶어서였을 거야. 그래야 백성들의 고민이나 나라의 잘못된 부분을 파악해서 고칠 수 있을 테니까. 그렇게 쌓이고 쌓이면 백성들이 살기 좋은 나라가 되는 거지.

아무튼 이게 바로 개혁이야. 이래서 사람들이 정조를 '개혁 군주'라고 부르는 거겠지.

그러고 보니, 세종과 정조는 백성과의 소통 방식도 제법 달랐던 거 같아. 세종은 여론 조사를 통해 많은 백성들의 목소리를 들으며 시간을 들여 천천히 의견을 하나로 모아 간 반면, 정조는 백성들을 직접 만나 불편 사항을 전해 듣고 그 자리에서 바로바로 문제를 해결해 주었으니까 말이야.

아무튼 소통 방식은 달라도 백성을 위하는 마음은 막상막하였다고나 할까?

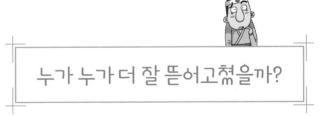

누가 누가 더 잘 뜯어고쳤을까?

두 임금은 잘한 게 진짜 많아. 아무리 비교를 해도 쉽게 가릴 수 없단 말이지. 그렇다면 잘못된 걸 뜯어고치는 일은 어땠을까? 자고로 훌륭한 지도자란 잘못된 것을 과감하게 뜯어고치는 사람이라고 할 수 있으니까.

그래서 이 멍 박사가 그 당시 가장 놀라운 뉴스 몇 가지를 간추려

봤어. 과연 누가 더 잘 고치고 잘 바꿨는지, 신문 기사를 통해서 알아 보자고.

듣고 뜯어보고 고치는 게 특기

세종은 일단 잘 듣는 왕이었어. 소위 꼰대라고 할 만한 기질이 전혀 없었다고나 할까? 무슨 사안이든 우선 신하들에게 실컷 말하라고 한 뒤 그걸 일일이 듣고서 협의를 이끌어 냈지. 자기주장이 있다고 하더라도, 일단 모두의 의견을 들은 다음에 임금과 신하가 함께 의견을 조율하는 거야.

조정을 운영하는 방법을 바꾸는 데서 그런 자세가 아주 잘 드러나. 세종의 아버지 태종은 행정 부서인 '육조'가 하는 일을 직접 왕에게 보고하도록 했어. 원래 육조는 여섯 개의 부서가 '의정부'의 결정에 따라 각자 맡은 행정 업무를 보는 관청이었지. 의정부가 결정한 업무를 진행하고, 업무가 끝나면 다시 의정부로 보고를 올리는 식이었어. 그런데 태종이 의정부가 하던 일을 왕이 하는 걸로 바꾸어 버린 거야. 왕이 모든 것을 직접 결정하려 한 셈이지. 이렇게 바뀐 제도를 '육조 직계제'라고 해.

그런데 세종은 아버지가 만든 제도를 원래대로 돌려놓았어. 육조가 하는 일을 영의정, 좌의정, 우의정 등 조정의 재상들이 모여 나랏일을 논의하는 기관인 의정부에서 결정하게 한 거야. 그리고 그곳에서 결정된 내용만 자신에게 보고하라고 했어. 예를 들면 이랬지.

"전하, 이번에 거둔 세금을 어디에 쓸까요?"

"어디 보자. 우선 각 관청에서 필요한 만큼만 쓰고, 나머지는 궁궐을 좀 고쳐야겠구나. 아, 그래. 이번에 옹주의 혼례가 있는데 거기에도 얼마쯤 쓰도록 하라."

태종 때는 이런 식이었던 거야. 그런데 세종 때에는…….

"전하! 의정부의 회의 결과에 따라 거둔 세금을 각 관청에서 골고루 쓰고, 홍수에 대비해 보를 만들고, 나머지는 가뭄이 날 때 쓰려고 창고에 쌓아 두었습니다."

"경들이 함께 논의해서 결정했으니 골고루 잘 사용했으리라 여기오. 승인하겠소."

이렇게 바뀐 거지. 왕이 나랏일을 마음대로 주무르지 않고 모두에게 공정한 방식으로 바꾸어 나간 거야.

그런데 의견을 잘 듣기만 하던 세종이 신하들의 반대에도 불구하고 끝까지 밀어붙이는 일이 가끔 있었어. 관리들이 아니라 백성들을 위한 일을 결정할 때였지. 그중 하나가 바로 '수령 육기제'야.

수령 육기제란 지방 수령으로 한 번 파견되면 육십 개월을 지낸 뒤에야 옮기는 제도였어. 원래는 삼십 개월이었는데 세종이 육십 개월로 바꾸어 버린 거야.

"앞으로 지방으로 파견되는 수령들은 육십 개월을 지내도록 한다."

세종의 발표에 신하들은 하나같이 깜짝 놀랐어. 한양을 떠나 지방

세종일보

〈항의 성명〉
농업 국가에서
고기반찬이 웬 말이냐!
- 전국한우연합회

왕 대신 신하가 결정하기로!

태종 때 실시한 육조 직계제를 없애고, 육조의 보고를 의정부에서 취합해 왕에게 고하도록 하는 '의정부 서사제'로 바꾸기로 했다는 소식. 왕과 신하 사이에 굳건한 신뢰를 바탕으로 정치적 조화를 꾀하는 세종의 자신감이 팍팍!

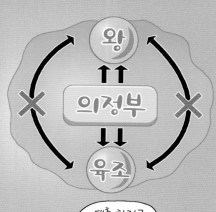

삼십 개월이 육십 개월로 늘어나는 마법!

지방 수령의 임기를 삼십 개월에서 육십 개월로 늘이기로. 고을에 사또로 부임해서 접대만 받으며 어영부영하다가 또 다른 지역으로 떠나려던 수령님들, 이참에 마음 고쳐 드시길. 오 년 동안 버틸 자신 없으면 옷 벗으시든가.

관청의 여종들에게 출산 휴가를!

아이를 낳게 된 관청 여종들에게 출산 전후로 백일 간의 휴가를 주기로. 힘든 육아를 위해 남편에게도 삼십 일의 특별 휴가 지급. 낼모레 출산 예정인 언년이는 좋겠네. 앞으로 아홉은 더 낳아도 되겠어.

에서 삼십 개월만 지내다 와도 촌놈 소리를 듣는 판국에 육십 개월이라니?

"전하, 아니 되옵니다. 지방 수령도 자꾸 물갈이가 되어야 잘 굴러갑니다."

"그대의 말은 아름답지 않다. 적응할 만하면 떠나는 바람에 새 수령이 와서 우왕좌왕하는 것도 문제고, 수령이 새로 오고 갈 때마다 송별회다 뭐다 접대한답시고 세금을 자꾸 걷는 것도 백성들에게 큰 고통이다. 이것은 관리들의 이익보다 백성들을 위한 일이니 근무 기간을

여기서 잠깐!

의정부? 육조? 조선의 통치 체제

조선의 중앙 정치 조직은 영의정과 좌·우의정 등 재상들이 합의하여 정책을 결정하는 의정부, 결정된 정책을 집행하는 육조, 왕의 비서실 격인 승정원, 왕에게 간언하고 관리의 비리를 감찰하는 삼사(사헌부, 사간원, 홍문관을 묶어 부르는 말), 죄인을 잡아들이고 심문·관리하는 의금부, 역사서를 편찬하는 춘추관, 교육을 담당하는 성균관, 전국의 호패를 관리하고 수도인 한양의 치안을 담당하는 한성부 등이 있었다. 육조에는 내무를 담당하는 이조, 재정을 관리하는 호조, 교육과 외교 등의 업무를 보는 예조, 군사 관련 일을 담당하는 병조, 범죄와 형벌에 대한 법률을 논의하는 형조, 토목을 담당하던 공조의 여섯 개 관청이 소속되어 있었다.

한양을 제외한 지방은 평안도, 함경도, 황해도, 강원도, 경기도, 충청도, 전라도, 경상도의 여덟 개 도로 나누고, 그 밑에 군과 현을 두어 관찰사와 수령을 파견했다. 중앙에서 파견된 수령은 해당 고을의 행정, 사법, 군사 업무를 모두 담당했으므로 권한이 상당히 높은 편이었다. 따라서 지방에 대한 중앙 정부의 통치력이 고려 시대에 비해 상당히 높아졌고, 이를 통해 중앙 집권 체제를 더욱 강화할 수 있었다.

늘리도록 하라."

평소에 사사건건 신하들과 협의하던 왕이, 갑자기 쌩한 얼굴로 명령을 내리니 어떻게 감히 거스를 수가 있겠어? 백성을 위한 일이라고 판단되면 물불 안 가리는 세종인지라, 이럴 땐 조용히 시키는 대로 해야지, 뭐.

또 세종은 잘못되었다고 생각하면 제도뿐 아니라 법도 과감히 바꾸었어. 바로 노비에 관한 법이야. 세종은 애를 낳고 바로 힘든 일을 맡아서 하다 병들어 죽어 가는 여자 노비들을 불쌍히 여겼어.

"관청에서 일하는 여종들이 아이를 낳을 때 출산 전후 백 일 동안 휴가를 주도록 하라. 또 부인을 간호할 수 있도록 그 남편에게도 삼십 일 동안의 특별 휴가를 내리도록 하라."

정말 대단하지 않아? 오늘날 우리나라에서 정한 공식 출산 휴가는 구십 일이야. 게다가 남편에게도 출산 휴가를 주는 건 21세기 대한민국에서도 시행된 지 얼마 안 된 일이지. 이것만 봐도 세종이 얼마나 시대를 앞서 나간 왕인지 알 만해.

세종이 시작한 출산 휴가는 나중에 조선의 법전인 《경국대전》에 언제 어디서나 반드시 지켜야 할 법으로 떡하니 박히게 되지. 날짜는 세종 때에 비해 조금 줄어서 팔십 일로 정해졌어. 그래도 노비는 사람이 아니라 가축과 다름없다고 여기던 시절, 세종은 노비도 사람이고 사람으로서 권리를 누릴 자격이 있다는 걸 조선의 모든 백성에게 보여 준 셈이지.

서얼, 노비, 죄수도 모두 나의 백성

그럼 정조는? 사실 백성을 너무도 사랑해서 신하들의 저항을 받으면서도 과감하게 기존 법을 바꾼 건 정조도 세종 못지않아.

"첩의 자식도 양반의 자손입니다. 능력도 있고, 공부 머리도 있고, 재산도 있는데 서얼이라는 이유로 관직에 나갈 수 없다는 것은 너무 불공평한 처사이옵니다."

조선의 법전인 《경국대전》에 첩의 자식인 서얼은 '과거 시험의 꽃'이라 불리는 문과에 응시할 수 없다고 되어 있어. 문과에 지원하지 못하면 높은 관직에 오를 수 없지.

그런데 조선이 세워지고 시간이 훌쩍 흐르자 사람들의 생각이 달라지고 다양해지기 시작했어. 원래 정해 놓은 규칙 중에서 부당하다고 생각하는 것에 대해 항의하는 일이 벌어졌지. 그중에서 첩의 자식들이 항의하는 일이 잦았어.

"능력이 있는데도 관직에 나갈 수 없도록 정한 건 나라 입장에서도 큰 손해다. 능력이 출중한 서얼들을 뽑아 관리로 등용하겠다."

정조는 나라의 발전을 위해 적자와 서자 사이에 차별을 두지 않겠다고 선언했지. 적자와 서자를 구별하는 일 따위는 집안에서만 하라고 했다나? 그러고선 차별을 없애는 첫 단계로 능력이 뛰어난 서얼 출신들을 규장각 관리로 채용했어.

규장각의 검서관은 책을 교정하는, 비교적 덜 중요한 일을 맡았지만 정조 바로 옆에서 일을 했기 때문에 무시하지 못할 직책이었지. 이렇게 첩의 자식인 서얼도 문관이 될 수 있게 길을 열어 준 걸 '서얼 허통'이라고 해.

서얼뿐 아니라 노비들의 대우에도 문제가 생겼어. 조선 후기로 갈수록 노비들이 도망치는 일이 잦았거든.

"전하, 노비들이 너나없이 도망쳐서 일할 사람이 없습니다. 당장 잡아다 벌을 주고 제자리로 돌려보내야 합니다."

"얼마나 힘이 들었으면 목숨 걸고 도망을 쳤겠느냐?"

"힘이 들어도 일을 해야 하는 것이 노비입니다. 동물과 같은 신세로 태어난 것을 어쩌겠습니까? 자고로 다른 임금들께서는 노비들을 뒤쫓아 붙잡아 오는 것을 허락하셨고, 심지어 효종 임금께서는 노비를 잡아 오는 전담 기구까지 만드셨습니다. 도망간 노비를 잡아다 혼쭐을 내 주어야 양반은 마음 편히 부릴 수 있고, 노비는 딴생각을 하지 않고 몸이 부서져라 일을 하게 될 것입니다."

"내 생각은 다르다. 노비로 태어난 것은 죄가 아니다. 그들도 모두 나의 백성이니, 노비를 잡아다가 잔인하게 벌을 주고 제자리로 되돌리는 법을 없애도록 하라."

정조는 도망간 노비를 붙잡아 와서 벌을 주는 '노비 추쇄'를 없애 버렸어. 그리고 나라에 속한 노비인 공노비만이라도 해방시켜 주고자 노력했지. 그 준비가 차근차근 이루어진 덕분에, 정조가 죽은 다음 해에 공노비는 노비 신분에서 벗어날 수 있게 되었어.

그뿐만이 아니야. 정조는 죄수들도 사람으로서 살아갈 권리가 있다

정조일보

〈항의 성명〉
어전 회의 중
임금님 욕설·막말 OUT!
- 신하노동조합

첩의 자식들에게 희소식!

첩의 자식인 서얼을 차별하는 법을 없애기로. 신동 소리 들으며 기똥차게 공부 잘해도 벼슬길에 오르지 못해 까맣게 속 태우던 여러 님들, 이제 모두 기분 푸시길. 준비된 자가 기회를 얻는다는 말이 있으니 서얼들은 어서 공부해 과거 시험 보서얼.

도망간 노비에게 자유를!

도망간 노비를 다시 붙잡아 벌을 주도록 한, 이른바 노비 추쇄법을 폐지하기로. 노비를 가축처럼 마구 부리던 양반님들은 반성 좀 하시길. 추노로 밥 벌어먹고 살던 노비 추쇄꾼은 빨리 다른 직업을 찾아봐야 할 듯.

함부로 곤장 치다가 되레 맞는다!

죄인이 병으로 죽는 건 정사에 어긋나므로 감옥 위생에 신경 쓰기로. 또 곤장과 회초리, 죄수 목에 채우는 칼 등등, 형벌에 관련된 사항들의 기준을 엄격하게 정해 멋대로 벌을 주는 관행을 없앤다고. 이제 곤장 함부로 치다간 네가 도로 곤장 맞는다?

고 생각했어. 그 당시는 최고의 수사가 고문이라 해도 과언이 아니었지. 일단 죄수로 지목되면 사형 선고 없이도 형벌을 받다 죽을 수 있는 시대였으니까. 그런 시절에 태어나고 자란 사람으로서 상상하기 힘든, 그야말로 획기적이고 열린 사고방식이었다고나 할까?

"죄수들이 고문을 받다 죽지 않도록 형틀의 크기를 법규대로 제작하고, 죄를 물을 때 고문을 연달아 하지 못하게 하라."

"죄수는 어차피 나쁜 놈입니다. 감옥에서 죽든 고문을 받다가 죽든 전하께서 신경 쓰실 일이 아니옵니다."

"말도 안 되는 소리! 죄수들 역시 나의 백성이다. 죄가 밉지 사람이 밉더냐? 죄수들이 감옥에서 병에 걸리지 않도록 철저히 관리하고, 너무 덥거나 추운 날은 아주 큰 죄를 지은 자들을 제외하고는 모두 풀어주도록 하라."

이렇듯 정조의 백성 사랑은 미치지 않는 곳이 없었다고 해. 사회적으로 소외받던 서얼이나 죄수에게도 예외는 아니었지. 이렇듯 백성들에 대한 사랑이나 잘못된 걸 뜯어고치는 과감성이나, 어떤 면에서는 세종과 정조가 상당히 비슷했다고 볼 수 있겠네. 그럼 다른 분야를 살펴보도록 할까?

농업이 발달해야 백성이 잘살지

"박사님, 근데 세종이나 정조나 불쌍한 사람들만 너무 걱정하는 거아니에요? 평범한 사람도 잘살게 해 줘야죠."

알파봇 녀석, 조선에 가서 두 임금을 직접 보고 오더니 생각이 많아진 모양이로군. 그러니까 노비나 죄수, 서얼만 백성인 것도 아닌데 그쪽에만 신경 쓰는 거 아니냐고? 천만의 말씀! 두 임금 모두 일반 백성들을 위해서 더했으면 더했지 덜하진 않았어.

세종이 평소에 뭐라고 했는지 알아?

"임금이란 하늘을 대신해 백성을 다스리는 것이다. 하늘이 차별을두지 않는데 어찌 임금이 백성에 차별을 두겠는가."

"백성이 섬기는 것은 바로 밥그릇이다."

세종이 입이 닳도록 하던 말이야. 이게 무슨 말이냐 하면, 임금은 하늘의 마음으로 모든 백성에게 두루 너그러워야 한다는 뜻이야. 그리고 백성들에게 가장 중요한 건 먹고사는 것이니까, 이를 임금이 해결해 주어야 한다는 뜻이기도 하지. 이렇게 백성을 최우선으로 생각하는 정치를 조금 어려운 말로 '민본 정치'라고 해.

세종은 백성들의 배를 불리기 위해서 어떻게 해야 할지 고심에 고심을 거듭했어. 조선의 백성 열 명 중 아홉 명은 농사꾼이잖아. 그러니 농사가 잘되면 백성들 대부분이 배를 두드리며 편히 살게 되겠지? 그래서 세종은 농사가 잘되게 하는 방법을 찾아 인내심을 갖고 꾸준히 연구했어.

세종이 펼친 '밥 그릇 늘리기' 비밀 프로젝트 세 가지!

첫째, 우리 땅에 맞는 농사법을 개발하라!

농사가 잘되려면 어떻게 해야 할까? 일단 농사 기술을 발전시켜야지, 뭐. 세종은 농사 기술을 연구하기 위해 궁궐 안에 논밭을 만들고 직접 농사를 짓도록 했어.

세종이 등장하는 드라마나 영화를 보면 왕이 똥지게를 지고 다니는 장면이 종종 등장하는데, 바로 이런 이유 때문이야. 직접 논밭에다 농사를 지으면서 이 방법으로도 해 보고 저 방법으로도 해 본 거지. 어

떤 식으로 해야 더 많은 곡식을 수확할 수 있는지 연구한 거야.

그리고 전국에서 내로라하는 농사업계의 달인들을 불러서 비결을 물었어. 〈농사의 달인, 그것이 알고 싶다!〉 같은 프로그램이라고나 할까? 같은 농부일지라도 저마다 갖고 있는 비결은 다 다를 테니까, 그 지식을 모든 농민이 함께 공유하자는 거지.

그렇게 조선 땅에서 농사를 짓던 달인들의 비결을 모아 책으로 펴 냈어. 그 책은 중국의 농사법을 무작정 따라 해서 실제와 조금씩 어긋나던 이전 책들과는 달리, 조선의 당시 상황에 꼭 들어맞았지. 조선 사람들이 조선의 씨앗으로 조선 땅에서 오랫동안 발전시켜 온 방법이니 당연히 딱 맞을 수밖에.

그 책이 바로 정초(정조 아님!)가 쓴 《농사직설》이라는 책이야. 여기에는 조선 땅과 기후에 맞는 씨앗 저장법, 땅 가는 법, 퇴비 주는 법 등이 상세하게 실려 있어서 농민들이 참고하기에 안성맞춤이었어. 전국의 농사 달인들이 갖고 있던, 자기 자식에게도 안 알려 준다는 비결들을 싹 다 긁어모았으니 얼마나 유용했을지 짐작이 가지?

둘째, 별의 움직임을 살펴라!

옛날에는 왕의 중요한 역할 중 하나가 하늘의 상황을 잘 예측하는 거였어. 별의 주기와 움직임을 관찰해서 정확한 계절과 절기, 날짜, 시간 등을 백성들에게 알려 줘야 했거든. 한마디로 달력을 만들어 나누어 주면서 '올해는 몇 월 몇 일에 일식이 있을 것이니라.' 하고 예보하는 게 왕의 권한이자 의무였다고 할까?

그동안 중국 것을 그대로 따라 쓰던 관행(?)에 은근히 불만이 많았던 세종은 조선만의 천문학을 연구하기로 했어. 어쩌면 이런 표어가 세종의 책상머리에 떡하니 붙어 있었을지도 모르겠네.

'중국의 천문학으로 우리 하늘을 관측할 수 없다!'

세종은 일단 고려 시대의 왕립 천문 기상대인 서운관을 관상감이란 이름으로 바꾸고, 경복궁 경회루 북쪽에 간의(행성과 별의 위치, 시간과 고도를 측정하는 천문 관측기구. 각도기하고 비슷하게 생겼다.)를 올려놓는 간의대를 세웠어. 그 뒤 여기에 천체 관측 기구인 혼천의, 동짓날의 정확한 시각과 주기를 찾아내는 규표, 방위를 알려 주는 정방안 같은 기구를 설치해 별자리는 물론 일출과 일몰, 일식과 월식, 혜성과 행성의 움직임을 관찰하고 기록하도록 했지.

그러던 어느 날, 일식을 관찰해 보니 일식을 예측한 시각과 실제 일식이 일어난 시각이 십오 분이나 어긋난 거야. 세종은 고민에 고민을 거듭한 끝에 어렵사리 답을 찾아냈어. 중국 것을 그대로 따라 쓰던 게 문제였던 거야. 중국의 달력 계산법을 조선으로 가져와 쓰다 보니, 중국의 수도 베이징이랑 경도와 위도가 다른 한양에서 예측한 시각이 어긋날 수밖에 없었던 거지.

우리나라와 중국은 엄연히 시차가 있는데, 중국의 절기를 계산한 달력을 그대로 가져다 쓴다는 건 말이 안 되긴 해. 중국 달력에 맞춰

여기서 잠깐!

세종, 이과 전성시대를 열다

세종이 농사와 천문 관련 과학 기술을 발전시켰다는 건 널리 알려진 사실이다. 비의 양을 측정해한 해 농사의 풍년과 흉년을 예측하는 측우기(1441)는 물론, 복잡한 천문 시계인 혼천의와 이를 간소화한 간의(1433), 자동으로 종과 북을 쳐서 시각을 알려 주는 물시계인 자격루(1434)도 세종 시절에 개량되거나 발명된 과학 기구들이다.

그렇다고 세종이 농사와 천문 관련 기술에만 집중한 건 아니었다. 기존의 활자를 개량하여 아름답기로 유명한 갑인자(1434) 등 다양한 금속활자를 만들었고, 음악가인 박연을 시켜 중국에서 유래한 도량형인 주척을 대신할 독자적인 도량형인 황종척을 만들어 표준으로 삼았다. 또 조선과 중국의 의서를 모아 각종 질병의 증세와 그 처방을 기록한 책 《의방유취》(1477년, 세종 사후 간행)의 편찬에도 힘썼다. 당뇨와 눈병을 심하게 앓던 세종으로서는 그 누구보다도 의서의 필요성을 절감하고 있지 않았을까? 아무튼 세종의 시대는 수학·과학·천문학·공학·의학 등 이과가 활짝 꽃을 핀 전성기라고 부를 수 있겠다.

서 '지금은 씨를 뿌릴 때!'라고 선언했는데, 조선의 절기를 살짝 비껴난 탓에 농사가 잘 안 될 수도 있거든. 그러니 조선만의 '달력'이 꼭 필요했던 거지.

자, 그럼 여기서 세종이 어떻게 했을까? 계산하기 복잡하니까 그냥 대충 덮고 가자고 했을까? 그럴 리가 없지. 남의 것은 절대 따라 하지 않는 자존감, 무엇이든 할 수 있다는 자신감으로 똘똘 뭉친 세종은 이순지를 비롯한 수학자들을 즉시 투입, 날짜를 계산하는 방법, 즉 '역법'을 연구하라고 지시했어. 이때 이순지는 역법을 연구하기 위해 사신단을 따라 중국까지 가서 연구를 하고 돌아왔다나? 삼국 시대부터 중국의 달력을 가져와 그대로 썼는데, 이제야 우리만의 달력을 만드는 일이 눈앞의 현실로 다가온 셈이지!

이렇게 공을 들여 만든 조선의 달력이 바로 〈칠정산내외편〉이야. 미국과 러시아가 벌이는 항공·우주 기술 경쟁의 틈바구니에서 만들어진 우리만의 우주 발사체 나로호 기억나? 〈칠정산내외편〉은 조선의 나로호라고 할 수 있어. 당시 자기만의 달력을 가진 나라는 전 세계에서도 아라비아와 중국 정도뿐이었는데, 갖은 노력 끝에 마침내 조선이 이 대열에 끼게 되었으니까.

새로 만든 달력이 조선 땅에 맞는 절기와 시간을 딱딱 알려 준 덕분에 백성들은 언제 씨를 뿌리고 또 수확물을 거둬야 할지를 정확하게 알 수 있게 되었어. 때맞춰 지은 농사로 수확량이 부쩍 늘어난 건 두말할 필요 없고.

셋째, 버려 둔 땅이 없게 하라!

농사 기술이 발달하고 절기를 잘 예측해도 농사지을 땅이 부족하면 농작물을 많이 생산할 수 없어. 특히 우리나라는 워낙 산이 많은 지형이다 보니 한계가 있을 수밖에. 세종은 이 점을 두고 깊이 고민했어. 그래서 농사지을 땅을 넓히는 데 온 힘을 기울였지.

세종은 우선 백성들에게 버려진 땅을 개간해서 농사를 짓도록 장려했어. 황무지에서 농사를 지으면 얼마간 세금을 부과하지 않는 등의 혜택을 주는 식으로 말이야. 그렇게 좀 고되더라도 농사지을 땅을 조금씩 넓혀 가도록 권장했지.

또 남쪽의 백성들을 북쪽의 변경 지역으로 보내 농사를 짓도록 만들었어. 어르기도 하고 달래기도 해 가면서 말이야. 춥고 거친 땅이라고 피하기만 할 게 아니라, 비어 있는 땅이니만큼 농작물을 마음껏 키워 보도록 한 거야.

동시에 남쪽으로는 비어 있는 섬에 들어가 농사를 짓도록 적극적으로 권장했어. 섬에 가서 농사만 짓는 게 아니라 때때로 무기를 들고 외적이 쳐들어오는지 살피게 했지. 그랬더니 백성들은 먹고살 걱정이 없어져서 좋았고, 나라에서는 외적을 대비할 수 있어서 좋았어.

이렇게 농토를 넓히는 사업을 꾸준히 한 결과, 고려 말에 50만 결이던 땅이 세종 시대에는 140만 결로 늘어났다고 해. 거의 세 배 가까이 늘었으니 정말로 놀라운 일이지. 게다가 이렇게 늘어난 농토를 지리지에 샅샅이 기록해 두었다나?

이 모든 걸 기록으로까지 남긴 걸 보면 세종은 정말 완벽주의자가 아니었나 싶어.

과거를 생생히 보존한 문화유산, '기록'
··· 조선 시대에 쏟아진 세계 기록 유산들 ···

짧게는 백여 년 길게는 수백 년이 지난 지금, 우리는 '조선의 왕 중에서 가장 능력자는 누구일까?', 반대로 '제일 찌질한 왕은 누구일까?' 등 각종 순위를 매기곤 한다. (내가 비교당하는 건 싫지만, 남 비교하는 건 재미있으니까!)

그런데 이렇게 순위를 매길 때 각자 나름의 근거를 대며 왈가왈부하는 경우가 많은데, 그 이유는 지금까지 남아 있는 그 당시의 '기록' 때문이다. 조선 시대에는 나랏일에서의 중요한 상황뿐만 아니라 어느 지역에서 신기한 일이 생겼다더라, 어느 마을에서 특이한 재판이 열렸다더라 등등 수많은 기록이 여기저기 남아 있다. 조금 과장해서 이야기하자면, '기록의 나라'라고 부를 수 있을 정도랄까?

그럼 조선 시대 기록물 중에서도 최고봉으로 꼽히는 건 무엇일까? 바로 《조선왕조실록》이다. 건국자인 태조부터 제25대 왕인 철종까지 장장 472년간의 기록이 시간 순서에 따라 888책에 저장되어 있는 《조선왕조실록》은 조선의 왕이 나라를 운영한 '모든' 기록을 담고 있다. 만약 조선 시대에 한양을 방문한 외국 사신이 '1568년 동짓달에 경복궁에서 무슨 일이 있었나?'라고 물어본다면, '며칠에 일어난 일을 알고 싶으신지?'라고 오히려 되물었을지도 모르겠다.

왕조차 함부로 볼 수 없었던 세기의 기록

《조선왕조실록》은 시대를 담은 세세한 기록으로 유명한데, 전쟁 같은 비상 상황에 대비해 사본을 만들어 전국 네 군데에 나누어 보관할 정도로 관리에도 철저했다. 그런데 임진왜란(1592) 때 사본이 불타 버리고 전주에 딱 하나만 남게 되었다. 이 소식을 들은 손흥록과 안의 등 뜻있는 선비가 전 재산을 선뜻 내놓았고, 여기에 마음을 함께하는 백성들이 책을 이고 지고 해서 험한 산속으로 옮겨 왜적으로부터 무사히 지켜내었다.

그 후 십여 년에 걸쳐 강화도까지 옮기다가, 임진왜란이 끝나고 나서 다섯 부로 복사해 전국에 나누어 보관한 것이 오늘날까지 이르렀다. 그들의 지극한 노력을 되새기고자, 백성들이 힘을 합쳐《조선왕조실록》을 피신시킨 6월 22일을 '문화재 지킴이의 날'로 지정해 기념하고 있다.

《조선왕조실록》은 일기처럼 하루에 일어난 일을 그날 밤에 바로바로 기록해 펴내는 게 아니었다. 왕이 죽으면 실록청을 설치하고, 왕 옆에 앉아서 왕과 신하 사이에 오간 말을 모조리 기록하는 사관이 그동안 모은 사초(적어 놓은 기록의 초고)와 《승정원일기》를 합쳐 내용을 정리했다. 따라서 조선의 왕은 죽어야만 그 내용이 실록에 실리기 때문에, 자신에 대한 평가와 기록이 어떠한지 끝내 알 수 없었다. 달리 말하면, 왕이 자신에 대한 평가를 마음대로 고칠 수 없었다는 뜻이기도 하다.

《조선왕조실록》에는 조선 왕 스물일곱 명의 기록이 모두 실려 있는데, 마지막 왕인 고종과 순종의 기록은 일제 강점기 때 일본이 자기들에게 유리하게 고쳐 기록했기 때문에《조선왕조실록》에서 제외되었다.

기록의 끝판왕 조선, 모든 것을 기록하다

《조선왕조실록》은 세계에서 가장 긴 왕조 실록으로 알려져 있다. 그런데 조선 시대에 이보다 더 극성맞게(?) 자세히 기록한 국정 기록이 있는데, 바로 《승정원일기》이다.

《승정원일기》는 조선 시대 왕의 비서실인 승정원에서 왕이 내린 명령을 샅샅이 기록한 책이다. 제16대 왕인 인조에서 마지막 제27대 왕인 순종까지 3천 책이 넘는 방대한 양을 자랑하는데, 이는 《조선왕조실록》의 약 다섯 배가 되는 분량이다. 심지어 전쟁 통에 앞 부분은 사라지고 남아 있는 것만 이 정도라고 하니, 얼마나 상세하게 기록했는지 짐작할 만하다.

《승정원일기》에는 비가 얼마나 내렸는지 하루도 빠짐없이 측정해 남긴 기록도 담겨 있다. 세종 때 측우기를 만들고 나서 매일 내린 비의 양을 측정해 기록하게 했는데, 아쉽게도 세종 시절을 포함해 전기의 측정 기록은 모두 사라지고 영조 이후의 기

정조가 화성에 행차하는 과정을 기록한 〈화성원행의궤도〉. 한강에 배로 다리를 놓은 장면과 군중이 행진하는 장면을 치밀하게 묘사했다. ⓒ국립중앙박물관

록만 남아 있다. 이는 세계적으로 비의 양에 대한 기록 중에서 가장 오랜 시간 측정한 결과라고 한다.

신하들의 활동을 기록한 책도 있다. 《비변사등록》은 조선 후기 최고 회의 기관인 비변사의 활동을 남긴 기록이다. 온전하게 남아 있지는 않지만 《조선왕조실록》을 만들 때 참고했다고 하니, 그 내용의 자세함 역시 그 어떤 책에 뒤지지 않으리라고 짐작할 수 있다. 이외에도 왕실의 혼인, 장례, 사신 접대 등 각종 의례를 기록한 《의궤》도 독특한 기록물 중 하나이다. 특히 생생한 그림과 함께 남아 있어서 다른 나라의 문화와 비교하거나 시대에 따른 의례의 변화를 살필 수 있는 소중한 사료로 인정받고 있다.

그럼 정치 중심지인 한양이 아니라 전국의 상황을 알 수 있는 기록은 없을까? 기록의 끝판왕 조선에는 없는 기록이 없다! 조선 시대에는 '지리지'를 아주 많이 만들었다. 보통은 관청에서 세금을 징수하기 위해 전국 각 지역의 상황을 자세히 조사해 정리하는 식이었다. 그래서 지리지에는 각 지역의 위치뿐 아니라 지방관, 역사, 중요한 산, 지역의 넓이, 인구, 땅, 특산품, 사찰 같은 것들을 함께 조사해 정리했기에 그 지역의 역사와 여러 상황까지 상세히 알 수 있다. 대표적으로 《세종실록지리지》와 《동국여지승람》을 꼽을 수 있다.

그나저나 우리 조상들은 왜 그렇게 기록에 집착했을까? 아마 '역사는 반복되는 것이니까 잘 알아야 똑같은 실수를 반복하지 않을 것'이라고 여긴 게 아닐까? 《조선왕조실록》《승정원일기》《의궤》 등 역사와 문화를 오롯이 담고 있는 조선 시대의 기록들은 인류 유산으로서 가치를 인정받아 유네스코 세계 기록 유산에도 등재되었다.

서로 다른 이름, 동아시아 삼국의 왕
… 우리나라와 중국, 일본의 군주를 부르는 호칭 …

　왕이 통치하던 조선 시대, 그 무렵 이웃나라인 중국과 일본은 누가 다스
렸을까? 먼저 최고 통치자를 가리키는 칭호부터 알아보도록 할까?

　중국은 군주를 '황제'라고 불렀다. 영화나 드라마, 또는 만화에서 귀에
못이 박히도록 듣는 호칭이다. 기원전 221년, 최초로 중국 대륙을 통일한
진나라의 왕 영정이 맨 처음 자신을 황제라고 불렀다. 그래서 최초의 황제
라는 의미로 '시황제'라 부르기도 한다. 그 후 황제는 이천여 년의 시간 동
안 수많은 나라가 생겼다 사라졌다 하는 와중에도 중국의 절대 권력을 지
닌 통치자를 가리키는 말로 굳건히 자리 잡았다.

　일본은 최고 통치자를 '천황'이라고 불렀다. 8세기 나라 시대 무렵부터
사용하기 시작했으며, 일본은 지금도 국가 원수를 천황이라고 부른다. 하
지만 그때의 천황과 지금의 천황은 그 의미가 좀 다르다. 무사 가문이 일
본을 통치하던 12세기까지 천황은 정치적인 권한이 전혀 없었다. 일본의
최고 군사 지휘관인 쇼군이 사법, 행정, 군사의 실질적인 권력을 행사하고,
천황은 그저 나라를 대표하는 상징적인 존재에 불과했다. 그러다 19세기
에 들어서서야 천황 중심의 중앙집권 국가로 탈바꿈했는데, 지금의 일본
헌법은 천황을 국민 통합의 상징으로 규정하고 있다.

황제와 왕, 작은 듯 큰 차이

조선 시대 군주들은 중국식 호칭인 '왕'으로 불렸는데, 이는 중국의 '황제'보다 한 단계 낮은 지위를 의미했다. 고려 시대에 태조 왕건이 독자적인 연호를 정하고, 그의 아들 광종이 스스로 고려를 '황제국'이라고 선언하던 때와는 상황이 크게 달랐다. 중국 대륙을 통일한 명나라를 중심으로 동아시아의 국제 질서가 재편되었고, 조선 역시 그 안에서 운신해야 했기 때문이다.

그러다 보니 조선 시대와 고려 시대는 각종 호칭이 서로 달랐다. 조선에서는 왕이 자신을 지칭할 때는 '고'라고 하고, 신하가 부를 때는 '전하'라고 했으며, 왕의 아들은 '세자'라고 불렀다. 이와 달리 고려 광종 때는 황제국답게 자신을 '짐'이라 부르고, 신하는 황제를 '폐하'라고 불렀으며, 황제의 아들은 '태자', 황궁이 있는 개경은 '황도'라고 불렀다.

그리고 조선에서는 왕을 임금님이라고 부르기도 했다. '임금'은 어디에서 나온 말일까? 임금 역시 군주 국가의 최고 권력자란 의미를 지니고 있는데, 신라 시대 왕을 부르던 '이사금'에서 유래한 것으로 추정한다.

1919년에 6월에 발행된 이탈리아 주간지의 표지를 장식한 고종의 장례식 모습. 조선 왕조에서 황제를 칭한 건 고종 때가 유일했다. '코리아 황제(임페라토르)의 장례식'이라는 설명이 붙어 있다. ⓒ국립고궁박물관

돈이 돌아야 나라가 부강해진다

과학 발달해, 농사 잘 지어, 국방 튼튼해. 세종 시대는 마치 온 우주가 돕는 듯했어. 그런데 세종은 백성들이 얼마나 잘사는지 궁 밖으로 나가 살피다가 돌아갈 때가 되면 종종 혼자서 구시렁거리곤 했대.

"알파봇, 세종 대왕이 왜 그랬는지 알아?"

"임금님이 뜬금없이 왜 구시렁거려요? 백성들 잘살게 해 주고선 배 아프셨대요?"

"아니, 궁에 들어가기 싫어서 '궁 싫엉! 궁 싫엉!'이라고 한 걸 옆에 있던 신하가 잘못 들은 거지."

"아, 재미없어요! 그럼 정조는 궁이 좋다고 했대요?"

"아니, 정조도 구시렁댄 건 마찬가지야. 하지만 세종 때와 달리 기울어 가던 조선의 마지막 힘을 다 끌어모으느라 힘에 부쳐서 구시렁거렸지. 정조 역시 어떻게든 백성들을 평안하게 만들어 주려고 자주 밖으로 나와 그들의 생활을 돌아보았거든.

그래, 알파봇! 너, 말 잘했다. 말 나온 김에 네가 한번 다녀와. 정조 시대가 어땠는지 직접 보여 주라고. 네가 먼저 말을 꺼냈으니, 안 간단 소리는 못 하겠지? 음하하하!"

금난전권을 폐지하라!

아이고, 내 팔자야! 갑자기 또 조선 시대로 자료 조사를 오다니. 그런데 여기가 어디지? 어디, 역사 여행용 달력을 볼까? 아, 1800년을

눈앞에 두고 있는 한양이잖아. 사람들이 북적북적한 데다 가게가 늘어서 있는 걸 보니 시장 한복판 같은데…….

흠흠! 그럼 신세타령은 그만하고 일단 여기서 역사 탐방을 시작해 보겠습니다! 그러고 보니 저기 저 사람, 좀 수상한데요? 옆에 선 사람이 지나치게 깍듯한 게 꼭 임금 모시듯 하고 있어요. 저 사람이 혹시 정조 임금은 아닐까요? 엇, 사람들이 싸우는 걸 보고 정조 임금이 무척 충격을 받은 모양입니다. 얼른 뛰어가서 물어보겠습니다!

어르신, 저기 높은 데 앉아 계시는 분이죠? 그런데 지금 왜 그리 심각한 표정을 짓고 계신 거예요? 다른 사람들한테는 말하지 않을 테니까, 저한테만 살짝 귀띔해 주시겠어요?

정조

이놈, 무엄하구나! 감히 하늘의 달빛과도 같은 임금에게 지금 협상을 하려 드는 것이냐? 그래도 여기서 시끄러워지면 곤란하니까……, 일단 대답은 해 주기로 하지. 저쪽을 봐라, 시장에서 난전 상인과 시전 상인이 싸우고 있지 않느냐?

난전이요? 나라의 허락을 맡지 않은 채 아무나 장사를 하는 거 말이죠? 그래서 시전 상인과 난전 상인이 싸우고 있는 모양이네요? 시전 상인은 나라의 허락을 받았으니까. 아니, 근데 왜 장사를 아무나 못하게 하신 거예요?

정조

그야 조선은 농사가 근본인 나라니까. 백성들이 정해진 땅에서 농사를 짓고 살아야 세금도 꼬박꼬박 내고, 또 조정에서도 다스리기가 쉽지 않겠니? 그래서 그동안은 상업을 천하게 여겨 억누르곤 했지.

그런데 임진왜란과 병자호란이라는 큰 전쟁을 겪으면서 터전을 잃은 사람들이 전국을 떠돌다가 한양으로 몰려와 장사를 시작하게 되었지 뭐냐? 그러다 보니 상업이 활성화될 수밖에. 시장이 커지고 커져서 이젠 시전 상인에게만 물건을 사고팔 권리를 줄 수 있는 규모를 넘어서 버렸

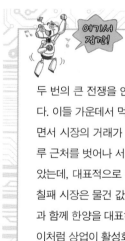

상업 발달을 촉진한 시장과 대동법

두 번의 큰 전쟁을 연이어 겪으면서, 농토를 잃은 사람들이 구걸을 하기 위해 한양으로 몰려들었다. 이들 가운데서 먹고살고자 장사를 하는 사람들이 생겨났고, 전쟁으로 부족해진 물자를 사고팔면서 시장의 거래가 활발해졌다. 나라의 허가를 받지 않은 사람들은 시전 상인들이 자리 잡은 종루 근처를 벗어나 서소문이나 남대문 밖에서 장사를 하기 시작했다. 이는 곧 큰 시장으로 자리 잡았는데, 대표적으로 배오개와 칠패를 들 수 있다. 주로 새벽에 거래가 이루어지는 배오개 시장과 칠패 시장은 물건 값이 시전보다 싸서 이용하는 사람이 급속도로 늘어났다. 그 결과, 종로의 시전과 함께 한양을 대표하는 3대 시장으로서 어깨를 나란히 하게 되었다.

이처럼 상업이 활성화된 데에는 대동법의 시행이 한몫을 했다. 대동법은 나라에 바칠 공물을 쌀로 대신 낼 수 있도록 한 세금 제도로, 1608년에 경기 지역에서 먼저 시행된 후 점차 전국으로 확대되었다. 그 후 관청에서 필요로 하는 공물을 구하기 위해 상인들이 방방곡곡으로 돌아다니게 되면서 전국적으로 상업이 활기를 띠는 계기로 작용했다.

지. 이를 억지로 막고 있으니 문제가 많구나. 경제 규모가 커지고 사회가 발전해서 농사만 짓고 살아야 하는 시대도 아니고 말이야. 음, 시전 상인들의 반대를 어찌 꺾을꼬? 할 일이 많아서 난 이만 돌아가야겠다."

엇, 정조 임금은 말이 끝나기가 무섭게 사라지셨어요. 난전 상인과 시전 상인이 싸운다고 걱정을 늘어놓고선 그냥 가 버리셨네요. 싸움은 말리고 가셔야 하는 거 아닌가요? 저라도 나서야겠어요. 여기서 왜 싸우고 있는 거예요? 대체 무슨 일인가요?

시전 상인

아, 글쎄! 이 사람이 나라의 허락도 받지 않고 자기가 잡은 생선을 맘대로 내다 팔지 뭐냐? 생선을 팔 권리는 내게 있으니, 정 생선을 팔고 싶으면 나한테 맡겨야지. 장 보러 온 사람들한테 멋대로 팔면 안 된다고! 물론 나는 생선을 아주 헐값에 사들이겠지만. 흐흐흐.

그렇다고 애써 잡은 물고기를 전부 빼앗아요? 그런데 아저씨는 도대체 누구세요? 보아하니 나랏일하는 분도 아닌 것 같은데요. 게다가 그렇게 어이없을 정도로 헐값에 사려고 하면, 이 사람은 당연히 손님들에게 직접 팔고 싶지 않겠어요?

시전 상인

나로 말할 것 같으면, 정식으로 나라의 허락을 받고 물건을 파는 시전 상인이야. 세금을 내고 관청이나 궁궐에서 필요로 하는 물건을 제공하는 대신, 도성 아래 십 리 안에서 일반 사람들에게 물건을 팔 수 있는 권리를 부여 받은 장사꾼이지. 우리 시전 상인에겐 두 가지 특권이 있어. 하나는 난전 상인을 체포할 수 있는 권리, 또 하나는 그들의 물건을 압수할 수 있는 권리……. 이렇게 시전 상인이 난전을 감시할 수 있는 권리를 '금난전권'이라고 해. 나는 지금 임금님께 부여받은 권리를 행사하는 중이니 더 이상 참견하지 말거라. 그리고 뭐, 헐값이라 억울하겠다고? 어차피 내게 팔지 않으면 힘들게 잡은 생선이 다 상해 버릴 텐데? 그러느니 헐값이라도 내게 파는 편이 이득이지.

그럼 애써 키운 농작물이나 힘들게 짠 옷감이 남아돌아도 함부로 팔면 안 되는 거네요? 꼭 팔아야 한다면 시전 상인에게 싸게 넘겨야 하고, 정작 물건이 필요한 사람은 시전 상인에게 비싼 값에 사야 한다는 거잖아요? 이거, 양쪽 다 손해인 거 같은데…….

돈이 돌아야 경제가 살지

아유, 그래도 그렇지. 생선 몇 마리 팔았다고 참 야박하게 구시네!

거기 서 계시는 덩치 큰 아저씨, 이것 좀 말려 주시면 안 돼요?

난전 상인

법이 그런 걸 어쩌겠니? 근데 이건 소문이긴 한데⋯⋯, 조금만 기다려 봐. 따끈따끈한 소식통에 의하면 법이 곧 바뀔 것 같다고 하니까.

법이 바뀐다고요? 그럼 시전 상인이 난전을 마음대로 감시하던 권리를 없앤단 말인가요?

난전 상인

그래, 이제 조선도 바뀌었어. 질 좋고 다양한 물건을 원하는 사람들이 많아졌지. 이제 물건을 스스로 만들어 쓰거나 만든 물건을 쌓아 두고 혼자 쓰는 것보다, 다른 물건과 바꾸거나 내다 파는 게 훨씬 더 효율적인 시대가 온 거야. 그런 변화를 억누르고 소수의 상인들에게만 독점을 하도록 놔두니까, 돈의 흐름이 막혀서 물가가 한없이 오르는 거지. 임금님이 그걸 아시고 이제 큰 결심을 하실 것 같아. 아, 저기 봐라. 새로 방이 붙었구나!

한양 도성 안과 근처 십 리 안에서 시전 상인 외에 장사를 금지했던 금난전권을 폐지한다. 이제 시전 상인뿐 아니라 조선 사람 누구라도 물건을 사고팔 수 있다. 신해년(1791)에 통하는 것을 와우! 금난전권이 정말로 폐지되었네요! 그럼 앞으로 조선은 어떻게 되는 거죠?

난전 상인

한결 살기 좋아지겠지. 우선 상인들이 경쟁을 하게 될 테니 물건 값을 맘대로 올리지 못할 거야. 물가가 내려가면 백성들은 물건을 싸게 살 수 있어서 좋고, 누구나 장사를 할 수 있게 되었으니 좋은 물건을 만들려고 서로 노력하겠지. 그러면 물건이 많이 팔려서 돈이 불어나고, 그 돈을 다시 투자하고……. 돈이 돌고 돌면서 점점 불어나게 될 거야. 당연히 사람들은 더 열심히 일할 테고, 그러면 잘사는

사람들이 더욱 늘어날 거고……. 부자가 된 사람들이 세금을 많이 낼 테니까 나라의 살림살이도 좋아지겠지.

와, 돈이 돌고 돌아 백성들의 생활을 윤택하게 해 주는군요. 돈과 물건을 움켜쥐고 있던 시전 상인들의 반대가 엄청났을 텐데, 이런 결단을 내리시다니. 정조 임금도 참 대단하네요! 아저씨, 설명 잘 들었습니다!

수고했어, 알파봇! 덕분에 나도 새로운 사실을 알게 되었어. 조선 후기에 각 도시를 대표하는 상인 집단이 생겨난 것도, 또 물건을 지고 전국 곳곳을 돌며 장사를 하는 보부상이 엄청나게 늘어난 것도 다 까닭이 있었네. 바로 정조의 과감한 경제 개혁 덕분이었군.

세종은 농업에 힘을 주고 정조는 상업에 힘을 실은 셈이네. 어쨌든 나라 경제를 살렸으니, 경제 발전에 끼친 공은 두 임금이 막상막하라고 할 수 있겠어. 두 임금 다 시대의 흐름을 잘 짚어서 백성들이 살기 좋은 쪽으로 고민한 흔적을 느낄 수 있는걸. 어휴, 그 덕분에 내 고민은 다시 커져만 가는구나!

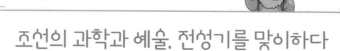

조선의 과학과 예술, 전성기를 맞이하다

"과학과 문화 방면에서 조선만의 성과를 이루어서, 중국의 일부가 아닌 우리만의 독자적인 나라를 만들 것이다!"

갑자기 무슨 소리냐고? 뭐겠어, 세종이 신하들에게 했던 말이지. 이런 포부 정도는 있어야 대왕이라 불릴 수 있나 봐.

그렇다면 정조는? 에, 뭔가 눈앞에 그려지는 장면들이 있지 않니? 〈씨름〉이니 〈서당〉이니 〈미인도〉니 하는 유명 예술 작품들이 전부 정조 시절에 등장했잖아!

과학과 예술이 왜 두 시대에 유난히 발달했을까? 내가 자주 들락거리는 역사 유튜브에 재미난 영상이 올라와 있네. 다 같이 한번 볼까?

조선을 위한, 조선에 의한, 세종 시대의 과학

세종이 나라의 기틀을 만들기 위해 뛰어난 과학자들을 총동원했다는 거 아시나요?
조선의 하늘과 시간을 탐구하는 수학·천문학 팀, 조선의 땅과 농작물을 연구하는
농학 팀, 조선 백성의 체질을 조사하는 의학·약학 팀이 밤낮으로 연구를 했답니다.

댓글 이렇게 꾸려진 프로젝트 팀은 조선을 당대 세계 최고의 과학 선진국으로
만들었다지요? 그 덕분에 별자리를 관측하는 혼천의, 물시계인 자격루,
해시계인 앙부일구가 발명되었고요.

댓글 우리만의 달력인 〈칠정산내외편〉, 조선 땅에 맞는 약초 연구서인 《향약
집성방》이 빠지면 섭섭하지요.

댓글 그로부터 백 년이 흘러 자격루가 고장이 났는데 고칠 사람이 없었다더군
요. 그 당시의 과학 기술이 얼마나 뛰어났으면 후손들이 고칠 수도 없을
정도일까요?

15세기 과학 분야 세계 TOP 3 중 하나

과학 프로젝트 팀이 밤낮으로 연구한 결과, 우리만의 달력을 만들어 냈어요. 그 당시 세계에서 조선과 중국, 아라비아 이렇게 딱 세 나라만 가능했던 일이라나요? 즉, 조선은 일식과 월식의 날짜를 정확하게 맞춘, 몇 안 되는 나라 중 하나였던 셈이지요.

> 💬 **댓글** 프로젝트 팀이라고 하면……, 과학 이론을 맡은 정인지와 정초, 수학 계산을 책임진 이순지와 김담, 실무를 담당한 이천, 기구들을 뚝딱뚝딱 만들어 낸 장영실이 있었죠. 이제 보니 완전 어벤져스네!

> 💬 **댓글** 과학 기술의 발달로 절기에 맞춰 농사를 짓고 또 한층 발전한 농사법으로 수확량이 늘어났으니, 세종의 과학 프로젝트는 백성을 널리 이롭게 했다고 볼 수 있겠네요.

> 💬 **댓글** 딱 맞는 달력이 없었을 때는 절기를 정확하게 맞추기 힘들었을 텐데, 조선만의 달력과 시계를 개발하면서 무척 편리해졌을 것 같아요.

남녀노소 누구나 즐기는 정조 시대의 예술

"모든 백성이 예술과 문화를 누리고 즐긴다면 그 또한 평화롭고 풍요로운 시대라는 증거가 아니겠는가? 누구나 즐기고 참여할 수 있는 세상을 만들자."

정조는 이런 생각을 했던 것 같아요. 정조에게 예술은 하나의 정치였거든요. 음악으로 백성들을 교화시키고, 백성들의 모습을 담은 그림으로 세상을 이해하려 했지요.

> **댓글** 나도 책에서 읽은 적 있어요. 정조는 규장각 학사에게 악기 다루는 법을 익히게 하고, 장악원 악공들의 연습을 직접 지켜보았다고 하더라고요.

> **댓글** 그림 분야에서는 당대 최고의 화가 중 열 명을 뽑아 규장각 관리로 채용했다지요? 천한 직업으로 여기던 화가가 관직에 오를 수 있었으니, 그림 좀 그린다는 사람이라면 누구나 그 자리에 오르길 꿈꾸었을 것 같아요.

> **댓글** 그래서 정조 시대에 조선 최고로 불리는 김홍도, 신윤복, 김득신 같은 화가들이 한꺼번에 등장할 수 있었던 거로군요!

그럼 세종 시대에는 과학 기술만 발전하고 예술은 거의 발달하지 못했을까? 또 정조 시대에는 과학 기술이 완전 뒷전이었을까? 천만에! 다른 분야에 비해 과학과 예술 쪽이 뛰어나게 발달했다는 것일 뿐, 다른 분야도 절대 뒤떨어지지 않았어.

세종 시대를 살펴볼까? 세종은 음악도 신토불이를 강조했어. 그래서 중국에서 보내 준 편경이라는 악기를 조선에서 직접 제작하도록 지시했지. 이때 세종이 지목한 인물이 바로 '음악의 신'으로 불리는 박연이야. 박연이 고생 끝에 편경을 만들어 첫 연주를 했는데, 세종은 반음의 10분의 1 차이를 알아채고 딱 지적을 했대. 악기를 만들 때 먹

백성들의 생활을 엿본 정조의 스파이, 김홍도

김홍도는 정조가 특별히 아낀 화가로 널리 알려져 있다. 김홍도는 조정의 미술 관련 관청인 '도화서'의 화원이었는데, 이중에서도 실력이 출중한 열 명을 뽑아 특별 대우하는 '자비대령화원'이었다. 정조는 자비대령화원으로 뽑힌 사람을 규장각의 정식 관원으로 일하게 했는데, 녹봉을 받을 수 있어서 전국 팔도의 화원들이라면 누구나 바라는 꿈의 직장이었다나? 대신에 자비대령화원이 되면 매년 열두 번씩 그림 그리기 시험을 치러야 했고, 그 결과에 따라 관직이 높아지기도 했지만 실력이 늘지 않으면 귀양을 가는 경우도 있었다.

정조가 김홍도를 얼마나 아꼈던지 임금의 얼굴과 왕실의 행사를 도맡아 그리는 영광을 누렸을 뿐 아니라, 꼬박꼬박 치러야 하는 시험에서도 면제받았다고 한다. 김홍도는 오늘날 평범한 백성들의 삶을 화폭에 담은 풍속화의 대명사로 잘 알려져 있는데, 많은 학자들은 그가 그린 풍속화가 백성들의 삶을 엿보기 위해 정조가 몰래 지시한 업무 중 하나였을 것으로 추측한다. 풍속화뿐 아니라 산수화, 인물화, 탱화(불교화) 등에도 발군의 실력을 발휘했던 김홍도이지만 정조 덕분에(?) 풍속화의 대가로 이미지가 굳어진 셈이다.

으로 그어 놓은 선을 깜빡하고 안 지워서 그랬던 거라나.

세상에, 그 사소한 차이를 알아채다니! 세종은 절대 음감을 갖고 있었던 게 아닐까? 어쨌든 세종은 악기뿐 아니라 아악(제사나 잔치에 쓰는 음악)까지 정리를 해서 음악 분야에서도 큰 발전을 이루었지.

정조 시대는 어땠느냐고? 실용성을 중시하는 실학이 발달했던 시대여서 과학 기술의 발전 역시 눈부셨어. 홍대용은 '지구가 돈다'는 자전설을 논리적으로 주장했고, 정약용은 최신 과학 기술을 활용해서 최첨단 계획 도시인 화성을 건설했지.

하지만 기술이나 과학을 하찮게 여기는 풍조가 사람들의 머릿속 깊은 곳에 남아 있어서, 세종 시대만큼 세계적인 수준에까지 이르지는 못했어. 그래서 살짝 아쉬움이 남긴 해.

그래도 세종이나 정조나 의지만 가득했던 게 아니라 각 분야에서 훌륭한 성과까지 이루어 냈으니 아주아주 높은 점수를 줄 만하지.

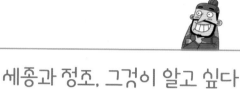

세종과 정조, 그것이 알고 싶다

이쯤에서 내 숨은 실력을 발휘해야겠군. 기록에 남아 있는 사실만 다루는 알파봇은 절대로 찾기 힘든 이야기를 들려줄까 해. 주변을 두루두루 관찰한 뒤 몰랐던 사실을 떡하니 밝혀 내는 나의 동물적인 감각을 어떤 걸로 보여 주면 좋을거나? 〈세상에 이런 일이!〉에나 나올 법한 두 임금의 숨은 면모 정도면 되려나?

이걸 들으면 요즘에 부쩍 시건방져진 알파봇 녀석의 코가 납작해질 거야. 아, 알파봇은 원래 코가 없던가?

그건 그렇고, 세종과 정조는 왠지 항상 명석하고, 젠틀하고, 완벽했을 것 같지? 사람들이 하도 칭찬을 해 대니까 말이야. 하지만 알려진 것과 사뭇 다른 모습도 꽤 있었다고. 그게 뭐냐고?

자, 개봉 박두!

고기만은 양보 못 하겠는데?

여태 얘기했듯이, 세종은 다른 걸 다 떠나서 백성 사랑하기만으로도 항상 으뜸 자리에 오르는 임금이야. 오늘날 역대 임금 인기투표를 하면 조선뿐 아니라 고려나 삼국 시대를 포함해도 늘 일이 위를 다투지. 자나 깨나 백성 걱정인 데다, 백성들의 생활을 직접 둘러보면서 혹시 고통을 겪고 있지는 않은지 세심하게 살피곤 했다는 마음 씀씀이가 지금까지도 잘 전해지고 있으니까.

그런 세종의 성격을 잘 보여 주는 일화가 있어. 세종이 임금 자리에 오르고 얼마 안 돼서 일어난 일이야.

전국적으로 큰 흉년이 들어서 난리가 났어. 아무리 세종 시대라지만 가뭄이나 홍수와 같은 천재지변을 이길 수는 없었지. 제4차 산업혁명 시대를 맞이하고 있는 지금의 우리도 못 막는걸, 뭐. 아무튼 그때는 가뜩이나 얼마 안 되던 수확물까지 죄다 날려 버리고 먹을 게 없어서 굶는 백성이 태반이었어. 하루는 세종이 저잣거리에 나갔다가 굶어 죽는 백성들을 보고는 크게 충격을 받았지.

세종은 궁궐로 돌아오자마자 신하들에게 지시해서 허름한 초가집을 짓도록 했어. 궁궐 안, 그것도 왕이 업무를 보는 건물 바로 옆에 말이야. 심지어 궁궐에 이리저리 돌아다니는 나무토막을 주워서 지으라고 했다지? 그 말에 신하들이 깜짝 놀라서 우르르 들고일어났어.

"궁궐에 나무와 띠로 된 초가집을 짓게 되면 불이 나기 쉽습니다. 게다가 한 나라의 임금께서 초가집이라니요! 체통이 서지 않는 일입니다. 통촉하여 주십시오!"

하지만 아무리 말려도 소용이 없었어. 재상들로도 모자라 왕비까지 엎드려 사정했지만, 고집쟁이 세종은 두 칸 초가집에서 나랏일을 하고 잠을 자고 밥을 먹었어. 에이, 하루 이틀 본보기로 한 거 아니냐고?

나라 상황을 살피는 왕의 의무, 수라

수라상이라고 하면 갖가지 요리가 화려하게 차려진 궁중 음식이 먼저 떠오른다. 조선 시대 임금은 보통 하루 네 번의 식사를 했다. 특별한 일이 없을 경우엔 새벽 6시 즈음 죽이나 미음을 먹고, 오전 9시경에 아침을, 낮이 되면 국수 등 간단한 요깃거리로 점심을, 오후 5시경에는 저녁을 먹는 게 일상이었다. 여기서 아침상과 저녁상이 바로 임금의 '수라'로, 우리가 흔히 말하는 12첩 반상이 차려졌다.

수라상에 오르는 음식은 전국 팔도에서 올라온 재료로 만들어졌는데, 경기도에서 난 쌀, 내륙에서 잡은 멧돼지, 제주도의 전복, 강원도 해안에서 잡은 은어 등 대부분이 제철 특산물이었다. 물론 세종처럼(?) 매번 수라상에 특정 음식이 꼭 올라야 하는 경우도 있었지만, 임금은 수라상을 받으면 전국 각지의 특산물을 맛보며 각 지방의 상황을 짐작해 보는 기회로 삼았다. 또 흉년이나 가뭄 등 재해가 닥쳤을 때는 임금 스스로 반성한다는 의미로 반찬의 가짓수를 줄였다. 이를 '감선'이라 불렀다. 감선을 가장 많이 시행한 왕은 영조로 알려져 있는데, 왕이 감선을 하면 신하들이 눈치껏 잠시 정쟁을 멈추곤 했기 때문이란다. 매일 받는 임금의 수라가 단순히 배를 채우는 밥상에 그치지 않고, 여러 가지 정치적 행위를 포함하고 있었다는 사실을 짐작하게 한다.

그럴 리가! 장장 이 년 동안이나 그랬다니까? 굶고 있는 백성들을 놔두고 자신만 잘 먹고 편히 잘 수 없다는 뜻이었지.

그런데 말이야, 엉뚱하게도 세종이 모든 면에서 그렇게 소탈한 임금은 아니었어. 백성들은 평생토록 몇 번 맛보기 힘든 고기반찬을 엄청나게 좋아했거든. 고기반찬이 없으면 수저를 들지 않았다고 하니, 고기 먹는 걸로는 먹방을 찍어도 될 정도였지.

사실 조선은 농사를 근본으로 삼은 나라라서, 농사를 짓는 데 큰 도움이 되는 소를 잡아먹는 건 아주아주 큰 부자가 아니면 상상도 하기 힘든 일이었어. 일반 백성들은 큰 잔치나 열려야 겨우 구경할 수 있었다니까? 그러니 조선 시대에 고기를 양껏 먹는다는 건 절약하고 검소한 생활과는 매우 거리가 먼 일이었지.

세종이 왕자이던 시절에 큰아버지인 정종이 죽었대. 그때 고기반찬을 먹지 않고 꾹 참는 걸 보면서 태종이 무척 흐뭇해했다지? 당시에는 부모님이나 집안의 어르신이 돌아가시면 효를 다한다는 의미로 거친 잡곡밥에 소박한 반찬을 먹었다고 해. 어쨌거나 그렇게 좋아하는 고기를 잠시나마 끊었으니 대견하게 여긴 거지.

그러면서도 태종은 은근히 아들의 건강이 걱정되었나 봐. 고기반찬이 없으면 아예 밥을 먹지 않았으니 그럴 수밖에. 그래서 훗날 태종은 죽기 전에 아들에게 이렇게 신신당부했대.

"내가 죽더라도 절대로 고기를 끊지 마라. 내 특별히 부탁하마."

그렇게 당부했는데도 불구하고, 태종이 세상을 떠나자 효심이 깊은 세종은 자식 된 도리로 고기반찬을 꾹꾹 눌러 참았어. 하루, 이틀……, 참긴 참았는데 시간이 지날수록 점점 기운이 떨어지는 거야. 결국 조정 대신들과 왕비가 간곡하게 간청을 해서 얼마 지나지 않아 다시 고기반찬을 먹기 시작했다지.

초가집을 짓고 백성들과 고통을 함께 나누는 소탈한 왕, 아버지가 돌아가셔도 고기를 끊지 못하는 식탐 왕……. 둘 다 세종의 모습이라니, 참 신기하지?

필요하면 원수와도 타협해야지, 뭐

정조는 한번 내뱉으면 끝까지 관철시키고 마는 불도저 같은 성격이었어. 무엇이든 해야겠다고 마음먹은 일은 끝까지 밀고 나가고, 시키는 대로 하지 않는 신하에겐 반성문까지 쓰게 만들었다지? 다 큰 어른한테 반성문이라니, 좀 웃기지 않니?

특히 정조는 당시 주도권을 쥐고 있던 정치 세력인 노론과 틈만 나면 싸우곤 했어. 노론은 아버지인 사도 세자를 죽게 한 책임이 있었으니 정조에겐 철천지원수나 다름없었지. 노론 역시 자신들이 벌인 일이 있기에 왕이 된 정조가 영 껄끄러웠을 테고.

그래서 정조와 노론은 사사건건 부딪칠 수밖에 없었어. 그때마다 정조는 정면으로 맞서서 자기 뜻에 따르도록 만들었지. 예를 들면 이런 식이야.

"장용영의 규모를 늘리고 훈련을 더 자주 시행토록 하시오."

그러면 노론의 우두머리 격인 심환지를 비롯해 노론 소속 신하들이 상소를 마구 올리기 시작해.

"이런 태평성대에 군사 훈련이라니요? 불필요한 일입니다."

"백성들은 먹지도 입지도 못하는데, 군대에만 자꾸 돈을 쏟아붓는 건 불가합니다!"

그렇게 신하들이 한 마디씩 하면 정조는 열 마디를 하는 식으로 불평불만을 잠재웠어.

"전쟁은 미리미리 대비해야 하는 것이고, 자고로 군자는…… 어쩌고저쩌고, 옛 성현이…… 미주알고주알. 이하 생략."

한번은 건설이 끝난 수원 화성으로 사도 세자의 묘를 옮기겠다고 선언했어. 그러자 이번에도 노론 신하들이 반대부터 하고 나섰지.

"왕릉은 한양으로부터 팔십 리 안에 있어야 한다는 규칙이 있습니다. 그런데 화성까지의 거리는 자그마치 팔십팔 리입니다."

"그럼 앞으로는 화성까지를 팔십 리라고 하시오."

노론이 치사한 이유를 대면서 반대를 하자, 정조는 실제 거리를 바꾸는 우격다짐을 해서까지 자기 뜻대로 밀고 나갔어. 이렇게 정조와 노론은 줄곧 불편한 사이였지.

그런데 말이야, 얼마 전에 정조가 노론의 우두머리인 심환지에게 오랫동안 비밀 편지를 보냈다는 사실이 밝혀졌어. 그 대상도 의외인데다 자그마치 299통이나 된다고 하니, 정말로 놀랍지 않니?

사실 심환지는 평소에 정조와 정치적으로 늘 맞섰기 때문에, 정조가 갑작스레 죽고 난 뒤에는 임금을 독살한 사람으로까지 의심을 받은 인물이야. 그런 사람에게 긴밀히 편지를 보냈다는 사실도 놀라운데, 그 내용을 읽어 보면 더더욱 기가 막혀.

한번은 심환지의 아들이 과거 시험을 봤는데 예상과 다르게 떨어졌나 봐. 그때 정조는 편지에 이렇게 썼어.

'웬만하면 붙여 주려고 했는데 네 아들이 시험을 너무 못 봤다. 진심으로 안타깝다.'

이렇게 심환지의 마음을 위로해 주는가 하면, 그의 가족을 살뜰히 챙겨 주기도 했지.

적이자 동지였던 정조와 심환지

영조 시절, 조금 늦은 나이로 과거에 급제해 관직에 오른 심환지는 정조가 즉위한 뒤에 형조 판서 등을 거쳐 우의정에 올랐다. 심환지는 정조의 아버지인 사도 세자의 죽음에 책임이 있던 노론의 우두머리였고, 정조는 대놓고 '나는 사도 세자의 아들'이라고 천명한 터라 둘의 사이가 좋을 수 없었다. 게다가 훗날 정조가 죽고 어린 순조가 즉위했을 때 영의정에 오른 심환지는 정조가 생전에 공들여 키운 장용영을 해산하고 서학을 빌미로 반대파 선비들을 탄압했다. 이렇게 정조의 정책에 사사건건 반하는 행동을 서슴지 않아 '정조 독살설'의 용의자로 지목되기도 했다. 하지만 나중에 정조가 심환지에게 직접 써 보낸 편지 중에 자신의 위중한 건강 상태를 알리는 내용이 발견되어, 그가 정조의 정치적 동반자였다는 사실이 뒤늦게 밝혀졌다. 정치적으로는 정조의 적이면서, 심정적으로는 동지였던 심환지는 매우 청렴한 생활로 칭송받았다. 어쩌면 검소한 의복을 입고 질박한 음식을 먹은 걸로 잘 알려진 정조와 이런 면에서 죽이 제대로 맞았던 게 아닐까?

'부인이 아프다는 소리를 들었다. 내 특별히 인삼을 챙겨서 보내마.'

물론 심환지를 다정하게 챙겨 주기만 한 건 아니야. 어떤 편지에는 입조심 좀 하라며 야단을 치기도 했어.

정조가 왜 원수 같은 심환지와 그토록 오랫동안 편지를 주고받았을까? 아마도 가장 큰 이유는 나랏일을 쉽게 추진하기 위해서였을 거야. 정치적으로 의견이 대립되는 사람과 미리 의견을 조율해 두는 것과 그렇지 않는 것 사이에는 큰 차이가 있으니까.

편지를 보면, 임금이 앞으로 추진하려는 일을 미리 알려 주면서 어떻게 행동할지 함께 의논하기도 하고, 또 노론에서 반대할 법한 일은 심환지가 먼저 승낙하는 분위기로 이끌어 가는 식으로 몰래 둘이서 각본(?)을 짜기도 했어.

이렇게 정치적 라이벌을 끌어안고 나랏일을 제대로 하기 위해 무진장 애쓴 걸 보면, 모든 걸 자기 뜻대로 밀고 나가야만 성이 차는 줄 알았던 정조가 새삼 달리 보이기도 해. 어찌 보면 필요에 따라 적과 타협하기도 하고 뒷담화를 나누기도 하는 노련한 정치 9단인 셈이지.

자, 숨은 이야기를 찾아내는 내 솜씨가 어때? 알파봇 녀석, 이제 좀 겸손해지려나? 이래도 계속 나를 멍하다고 놀리면 나도 정조처럼 알파봇에게 삼백 통의 메일을 써 보낼 테다!

누구의 신하가 더 잘났나?

사실 두 임금이 대단하긴 하지만, 그 업적은 혼자서 이룬 게 아니야. 능력 있는 신하들이 뒤에서 받쳐 주었기 때문에 가능했던 거지. 그러니 그 신하들을 한번 살펴볼 필요가 있어. 어떤 사람에 대해서 알고 싶으면 그 친구를 보라는 말도 있잖아?

이번에는 본인들에게 직접 들어 보자고!

알파봇, 두 임금을 좀 모셔 오겠니? 뭐, 벌써 밖에서 기다리고 있다고? 너도 연구소 생활을 오래하더니 눈치가 꽤 늘었구나.

세종과 정조가 가장 내세우고 싶은 신하들은 과연 누구일까?

나에겐 최고의 재상이 있다

세종

반갑네, 멍 박사. 요즘 백성들은 나와 내 손자인 정조를 대왕이라고 부르더군. 뭐, 그냥 할 일을 했을 뿐인데……. 쑥스럽게시리 말이야. 어쨌든 내 자랑을 하는 게 아니라, 내가 아끼는 신하들을 소개할 기회를 준대서 냉큼 달려왔지. 그럼 이야기를 들을 준비는 된 건가?

내가 첫 번째로 내놓을 카드는 재상이야. 재상이란 임금을 제외한 가장 높은 벼슬아치를 가리킨다네. 영의정, 좌의정, 우의정 등등 한 번쯤 들어 본 적이 있을 거야. 조금 어렵긴 한데……, '일인지하 만인지상'이라고, '위로는 한 명 임금을 보필하고 아래로는 만백성을 다스린다.'는 말이 있어. 재상 중에서도 으뜸인 영의정의 역할을 한마디로 표현한 게지.

어디 보자. 내가 임금 자리에 삼십삼 년 동안 있었는데, 그 중 무려 이십이 년을 함께한 재상이 있어. 모두 잘 알고 있는……. 그래, 바로 황희 정승이야.

내가 그렇게 오랫동안 황희를 재상 자리에 붙들어 놓은 이유가 뭐냐고? 당연히 황희의 뛰어난 업무 능력 때문이지. 알다시피 수령 육기제나 4군 6진 개척같이 신하들이 싫어할 만한 일을 내가 좀 많이 추진했어? 그럴 때마다 이런 생각이 들더라고.

'분명히 신하들은 반대를 할 텐데, 백성들을 위해선 반드시 추진해야만 하고……. 이를 어쩐다?'

하지만 나에겐 황희가 있었어. 일단 말을 꺼내면 나머지는 다 알아서 처리해 줬거든. 황희는 일단 의견을 다 듣고 나서, 반대하는 신하들을 일대일로 만나 구슬리고 설득했어. 다들 내로라하는 사람들이니 쉽게 고집을 꺾을 리 없었건만, 황희는 탁월한 설득력을 발휘해서 모두 찬성하도록 만들곤 했지. 막말로, 안 될 것 같은 일도 되게 만드는 데 선수였다고나 할까?

그래서 나는 나중에 아예 이런 식으로 일을 처리한 적도 있었다네. 말을 꺼내 놓고 신하들이 갑론을박하는 걸 가만히 지켜보다가 이렇게 한마디로 마무리하는 거야.

"대체로 정승의 말대로 하라."

그래, 내 재상 자랑은 이쯤에서 그치고 우리 손자 얘기 좀 들어 보자꾸나.

정조

할아버지의 대단한 업적 뒤에는 황희가 있었군요. 하지만 저와 함께한 재상도 그에 못지않아요. 제 오른팔이라고 할 수 있는 채제공이 그 주인공입니다!

할아버지는 잘 모르실 거예요. 왕을 찍어 누르려는 신하들에게 둘러싸여 사는 기분이 어떤 건지 말이에요. 노론의 핍박을 받아 한창 서러움에 북받쳐 있을 때, 저를 위해 온몸으로 맞서 싸운 이가 바로 채제공입니다.

제 할아버지인 영조 임금님이 돌아가시기 전에 이런 말씀을 남기셨죠.

"네가 믿어도 될 유일한 사람이 바로 채제공이다."

글쎄, 그 말이 딱 맞지 뭐예요! 채제공은 제가 추진하고 싶은 일이 있으면 먼저 알아채고 선수를 쳤어요. 그렇게 노론의 비난을 혼자 다 받아 내면서 제가 하고 싶은 일을 제대로 펼칠 수 있게끔 판을 깔아 주었지요. 특히 왕권 강화를 위해 수원에다 화성을 건설하려 했을 때, 금난전권을

여기서 잠깐!

채제공, 얼마큼 알고 있니?

황희 정승에 대해서는 워낙 유명한 일화가 많다 보니 누구나 한 번쯤 들어 보았을 것이다. 이에 비해 영조와 정조를 연이어 보좌한 채제공은 잘 알려지지 않은 편이다. 채제공은 심지가 굳은 사람이었다고 한다. 왼쪽 눈이 바깥쪽으로 돌아가 있는 사팔뜨기였는데도, 위엄 있고 강단 있는 모습을 보인 것으로 유명했다. 실제로 채제공의 이런 성격 덕분에 정조는 당파에 휘둘리지 않는 정치를 펼칠 수 있었다. 노론이 한창 득세하던 시절에 왕권 강화를 위해 여러 당파에서 인재를 골고루 등용하는 탕평책을 펴야 했는데, 남인 출신 채제공이 정조의 날카로운 칼이 되어 주었던 것이다. 채제공에 대한 신뢰는 영조와 정조의 평가에서도 잘 드러난다. 영조는 죽기 전에 '나에게는 사심 없는 신하, 너에게는 충신'이라는 평을 정조에게 남겼으며, 정조 역시 채제공이 병으로 죽자 '세상에서 보기 드문 인물이 떠났다.'며 몹시 슬퍼했다.

폐지하려고 했을 때, 채제공이 앞장서서 노론과 싸워 주지 않았다면 절대로 성공하지 못했을 거예요.

한마디로 채제공의 활약 덕분에 노론을 꺾을 수 있었던 거예요. 그 덕분에 훗날, 그러니까 요즘 백성들에게 조선 최고의 개혁 군주라는 소리를 들을 수 있게 되었고요. 어쩌면 왕의 방패막이 역할은 채제공이 황희보다 한 수 위였을 걸요?

시대를 대표하는 천재가 내 품에

세종

허허, 듣고 보니 채제공도 황희 못지않구나. 그럼 이건 어떠냐? 과학자 말이다. 나에겐 조선 최고의 과학자라고 불리는 장영실이 있었지. 내 손발이나 다름없었던 장영실만큼 뛰어난 발명품을 만들어 낸 신하가 있으면 어디 한번 얘기해 보겠니?

정조

관청의 노비였음에도 불구하고 실력만으로 양반들을 제치고 관직까지 지낸 장영실 말씀이시지요? 저도 장영실이 만든 자격루나 앙부일구를 보고 깜짝 놀랐습니다. 삼백오십여 년이나 흐른, 그러니까 제가 살던 시대에도 그 기술만

큼은 따라잡을 수가 없더군요. 사실 장영실처럼 뛰어난 과
학자는 없었습니다. 요것만은 인정!

세종

그래, 얼마나 뛰어났으면 내가 노비 출신에게 종삼품의 관
직까지 주었겠니? 하지만 뛰어난 과학자가 장영실 하나만
은 아니었어. 혼천의, 간의, 자격루, 앙부일구 등 뛰어난 발
명품이 나오기까지 연구하고, 설계하고, 한 치의 오차 없
이 계산해 내는 이론가들이 있었지. 이순지, 김담, 이천 같
은 과학자들 말이다. 뭐, 요즘 백성들은 그런 인재들을 싱
크탱크라고 부른다지?

정조

과학 기술로 밀고 나오신다면 저는 두 손 두 발 다 들 수밖에요. 할아버지 시대의 과학 기술은 거의 세계 최고 수준인데 제가 어떻게 따라잡겠습니까? 다만 저에게도 홍대용이나 정약용같이 뛰어난 인재들이 있었다는 사실은 인정해 주세요.

'지구가 돈다.'는 자전설을 주장한 홍대용도 유명하지만, 거중기를 만들고 배다리를 설계한 정약용은 더욱더 특별하지요. 특히 정약용이 대단한 건, 그가 쓴 엄청난 양의 책 때문이에요.

정약용은 지방 수령들이 가져야 할 마음가짐과 자세를 담은 《목민심서》, 법을 다스리는 관리들을 위한 형법 책 《흠

어디로 가야 할지 모르겠네.

열하일기 미인도 반차도 음악서 풍속화

흠신서》등을 비롯해서 정치, 역사, 지리 등 다방면에 걸쳐 오백 권이 넘는 책을 펴냈다니까요? 모르는 분야가 하나도 없는 천재라고 할 수 있지요. 그야말로 조선의 레오나르도 다빈치로 불릴 만한 이가 바로 정약용입니다.

집현전 vs. 규장각, 최고의 인재를 키우다

세종

힘든 시대에 그나마 선방했구나. 그것만은 인정하지. 특히 정약용이라면……, 일당백의 신하라고 할 수 있으니까. 그럼 어디 양으로 승부해 볼까? 내게는 정인지, 성삼문, 신숙주같이 뛰어난 학자들이 있었어. 그 학자들을 말이다, 어떻게 길러 냈는지 아니?

집현전이라는 연구 기관을 설치해서 밤낮으로 공부시켰어. 집현전 학사로 뽑힌 관리들은 눈만 뜨면 나와서 책 읽고 공부하고, 밥 먹고 공부하고……. 쉴 새 없이 공부를 했지. 어디 그뿐이니? 내가 정책 하나 만들어 보라고 지시하면, 옛날 자료를 뒤지고 뒤져서 뚝딱뚝딱 만들어 내더군.

하여튼 내가 그 많은 업적을 이룰 수 있었던 건 모두 나의 싱크탱크인 집현전 학사들이 밤낮으로 읽고 쓰고 연구하며 뒷받침해 준 덕분이야. 그래서 고마운 마음에 집현전 학사들에게는 일하지 않고 조용한 절에 가서 책만 읽을 수 있게 독서 휴가를 주곤 했지.

뭐, 그게 무슨 휴가냐고? 월급은 그대로 받으면서 맘껏 책만 읽을 수 있으니 얼마나 좋았겠어? 왕만 아니었으면 나도 그냥…….

정조

할아버지께서 집현전을 얼마나 아끼셨는지 제가 왜 모르겠어요? 그렇지만 제게도 집현전에 견줄 만한 학문 연구 기관이 있었는걸요. 바로 규장각이에요!

집현전 vs. 규장각

집현전과 규장각은 시간상으로는 무려 삼백여 년의 차이가 나지만, 만들어진 취지나 맡았던 역할은 무척 비슷하다. 왕의 개혁을 이론적으로 보좌하고, 관련 도서를 편찬하고, 신진 학자들에게 중요한 프로젝트를 맡기는 등 정치·경제·사회의 변혁을 담당하는 중요한 핵심 부서라는 점에서 똑같기 때문이다. 농담 삼아 '정조는 세종 따라쟁이'라고 했지만, 규장각이야말로 정조가 진심으로 세종을 따라 하기 위해 설립한 기관이라고 할 수 있겠다.

그런데 왜 정조는 집현전을 그대로 사용하지 않고 규장각을 새롭게 만든 걸까? 사실 세종이 힘을 실어 준 집현전은 사십 년이 채 되기도 전에 폐지되었다. 세종의 손자인 단종을 폐위하고 왕위에 오른 세조가 즉위 후 없애 버렸기 때문이다. 세조의 즉위에 반대해 단종 복위를 도모한 성삼문 등이 세종의 총애를 받던 집현전 학사 출신이었기에 어찌 보면 시간문제나 다름없는 수순이었다. 그렇게 불운한 역사의 뒤안길로 사라졌던 집현전은 삼백 년이 지난 뒤 정조에 의해 규장각이라는 이름으로 재탄생한 셈이다.

저는 왕실 도서관인 규장각의 기능을 확대해서 학문을 연구하고, 정책을 개발하고, 개혁 정치를 뒷받침할 수 있는 인재를 양성했어요.

규장각을 통해 발굴한 충직한 신하들이 없었다면 제가 개혁 정책을 힘 있게 밀어붙이기가 어려웠을 거예요. 유능한 신하들을 규장각 각신으로 삼아 필요한 정책을 어떻게 펼칠지 아이디어를 내놓게 해서 과감하게 개혁을 밀어붙였거든요. 또 이덕무, 박제가, 유득공 같은 서자 출신을 규장각 검서관에 임명해 학문을 연구하게 하고, 서적을 출판해 문예 부흥의 시대를 열었지요.

어디 이들뿐인가요? 앞서 말씀드린 정약용은 물론이고, 조선 후기를 대표하는 학자들은 죄다 규장각 출신이에요.

세종

그럼, 나도 잘 알지. 그래서 네 시대를 조선의 르네상스라고 부르는 거 아니니? 그런데 르네상스라는 게 뭐야? 찬란했던 고대 그리스와 로마 문화를 부활시키자는 운동이잖니? 그럼 조선의 르네상스라고 하면 찬란했던 문화 예술의 시대를 다시 일으킨다는 뜻인데……, 네가 다시 일으키려고 애쓰던 모델이 어느 시대였더라?

정조

아이고, 할아버지. 그야 당연히 문화와 과학과 예술의 황금기였던 할아버지, 바로 세종 대왕의 시대지요. 제가 졌습니다! 하하하.

다만 제가 얼마나 불쌍하게 시작했는지 고려해 주셔야 돼요. 만약 제 시대가 조선이 기울어 가던 때가 아니라 나날이 부강해지던 때였다면 아마도 할아버지 시대를 능가했을걸요?

와우! 두 임금의 신하 자랑 배틀 잘 봤지? 두 사람은 나라 경영뿐 아니라, 사람 경영에서도 천재였던 거 같아. 역사상 최고라고 부를 수 있는 뛰어난 인물들을 죄다 신하로 거느리고 있었으니까 말이야. 게다가 그들을 적재적소에 잘 등용해 다 함께 빛나게 만들었으니…….

마치 알파봇을 역사 분석이라는 딱 맞는 자리에서 일하게 한 나하고 비슷하다고 볼 수 있겠군.

조선 시대의 왕은 요즘의 대통령과 같을까?
··· 왕정 vs. 대의 민주정, 공통점과 차이점 ···

조선 시대의 왕과 대한민국의 대통령은 같을까, 다를까? 정답은 '같은 점도 있고 다른 점도 있다.'라고 할 수 있다. '어차피 최고 권력자인데 비슷한 거 아냐?'라며 고개를 갸우뚱할지도 모르겠다. 하지만 둘 사이에 매우 큰 차이점이 있다!

우선 대한민국 헌법 제1조를 살펴보자. '대한민국은 민주 공화국이다. 대한민국의 모든 권력은 국민으로부터 나온다.' 여기서 공화국이란 국민의 대표가 통치하는 체제를 말한다. 그러니까 대한민국은 민주주의 원리에 의해 선출된 국민의 대표, 즉 대통령이 통치하는 나라이다. 그러니까 대한민국의 권력은 대표를 뽑는 국민에게 있을 수밖에. 주기적으로 대통령 선거를 하는 이유가 여기에 있다!

그럼 조선은 어땠을까? 조선은 왕조 국가였다. 모든 권력은 왕으로부터 나왔다. 게다가 아버지가 왕이면 잘나고 못나고를 떠나 그 아들이 저절로 왕이 되는 시스템이었으니, 백성들이 왕을 뽑는 일은 사실상 불가능했다. 심지어 왕이 살아 있는 동안에는 교체되는 일이 거의 없었다! 권력이 왕에게 있느냐 국민에게 있느냐, 이것이 조선과 대한민국의 결정적인 차이라고 할 수 있겠다.

왕과 대통령은 어떤 권한을 갖고 있을까?

언뜻 봐도 조선의 왕이 지금의 대통령보다 훨씬 더 권한이 막강했을 것 같다. 맞다, 실제로 그랬다! 조선의 왕은 하늘의 뜻을 받든 신성한 존재인 동시에 온 백성을 다스리는 정치가이자 권력자였다. 따라서 모든 산과 들도, 그 땅에 사는 백성도, 모두 왕의 소유였다. 왕은 백성들에게 땅을 빌려 주고 세금과 노동력을 제공받았다. 지금으로 따지면 대통령이 전 국토를 소유하고 국민들에게 임대해 주는 셈이라고나 할까?

그와 동시에 조선의 왕은 절대 권력자이기도 했다. 입법, 행정, 사법 모든 권한을 독점했다. 즉 대통령이자 국회의장인 동시에 대법원장, 헌법 재판소장의 권한을 모두 갖고 있었던 셈이다. (뭔가 있어 보이는 자리는 다 갖다 붙이면 된다!) 사형 집행에 대한 최종 결정권도 왕에게 있었다. 국가의 예산을 쓰는 것도, 외교 조약을 맺는 권한도 다 왕에게 있었다. 물론 이 모든 일을 왕 혼자서 할 수는 없었겠지만, 아무튼 결정권은 전부 왕에게 있었다.

이에 비하면 대통령의 권한은 자칫 미미해 보이기도 한다. 법은 국회가 만들고, 재판은 법원이 하니까. 대통령은 국가 원수로서 헌법을 수호하고, 다른 나라와 외교 관계를 체결한다. 또 행정부 수반으로서 국군 통솔권과 공무

1800년대 후반, 사형 집행 장면을 묘사한 그림. 조선 시대에는 사형 집행 역시 왕의 결정에 달려 있었다. 기산 김준근의 작품으로 추정된다. ⓒ국립민속박물관

원 임명권, 법률 거부권 등을 지닌다. 물론 이것만 해도 막대한 권한이지만, 조선 시대의 왕에 비하면 어쩐지 약하게 느껴진다.

왕은 뭐든 제멋대로 해도 될까?

권력이 그토록 강하다는 왕도 모든 일을 제멋대로 처리할 수는 없었다. 어떤 왕은 '왕 노릇 못해먹겠네.'라는 말이 목구멍까지 올라올 정도로 심한 견제를 받았다. 그렇다면 누가, 아니 무엇이 감히 왕을 겁 없이 견제했던 걸까?

가장 먼저 '유교 이념'을 들 수 있다. 조선에서는 아무리 왕일지라도 유교 윤리에 벗어나는 행동을 하면 버틸 수 없었다. 특히 '인륜'을 저버리면 바로 아웃! 연산군과 광해군이 대표적인 예로 꼽힌다.

왕을 견제하는 또 하나의 장치는 '양반'이다. 양반은 중앙 정부의 관직을 차지한 관료이자, 지방 여론을 좌지우지하는 권력자들이었다. 왕도 이들의 협조를 얻지 않고는 나라를 제대로 다스리기가 어려웠다.

마지막으로, 왕을 직접적으로 견제하는 장치가 있었다. 사헌부와 사간원, 홍문관을 합쳐 부르는 '삼사'라는 기관인데, 삼사는 왕이 제멋대로 권력을 행사하지 못하도록 지독하게 감독했다. 관리를 감찰하고 탄핵하는 사헌부와 왕에게 직언하는 사간원에서 근무하는 관리를 '대간'이라고 불렀는데, 대간들이 가장 많이 하는 말이 바로 '아무개를 파직하소서!'와 '아니 되옵니다.'였다. 대간들이 허구한 날 왕에게 잔소리를 해 대서 폭군이었던 연산군은 삼사를 아예 없애 버렸다나?

대통령 역시 행정부의 수반으로서, 입법부와 사법부의 '삼권 분립'을 통해 견제를 받는다. 그래서 입법부인 국회의 과반수가 야당 의원들로 채워지면 대통령이 국정을 수행하는 데 애를 먹는다. 예산 집행은 물론 다른 나라와의 조약 체결 등 각종 업무에서 견제를 심하게 받기 때문이다.

잘못을 저지르면 쫓겨나거나 탄핵되거나

그렇다면 왕은 언제 교체될까? 사실 교체랄 게 없다. 왕이 죽는 날이 교체되는 날이니까. 태조나 태종처럼 살아서 자식에게 왕위를 넘겨 준 사례도 있지만, 대부분은 세상을 떠나는 순간에 왕의 자리에서 내려왔다. 반면에 대통령은 정해진 임기가 끝나 청와대에서 나오는 순간 그 지위를 내려놓게 된다.

사실 왕도 재위 중에 잘못을 저지르면 쫓겨날 수 있었다. 조선에서 왕조의 계보를 바꾼 '반정'이 두 번 일어났다. 연산군을 몰아낸 중종반정과 광해군을 내쫓은 인조반정인데, 반정은 반란이 아니라 바르게 되돌려 놓는다는 의미이다. 아무리 왕이라도 큰 잘못을 저지르면 그 자리에서 쫓겨난다는 걸 확실히 보여 주었다고 할까?

그럼 요즘은 어떨까? 우리나라의 경우, 국민 투표로 선출된 대통령의 임기는 법으로 정해져 있다. 하지만 임기 중에라도 독재를 하거나 부정을 저질렀을 때는 국민들의 저항으로 대통령 자리에서 물러나게 된다! 즉 왕위를 물려받았든 대통령으로 당선되었든, 나라를 올바로 이끌지 못하면 쫓겨난다는 공통점이 있는 셈이다.

나라를 이끈 주인공은 바로 나야, 나!
… 동서양을 아우르는 명재상들 …

　재상(宰相)이란, 왕을 보좌하며 나라를 이끄는 최고 책임자를 가리킨다. 지금의 총리 또는 수상과 비슷하다. 재상은 예나 지금이나 관직 중에서 가장 높은 지위다 보니, 동서양에 걸쳐 역사적으로 이름을 떨친 사람들이 상당히 많다. 우리나라의 황희나 유성룡, 채제공처럼 역사에 한 획을 그은 시기에는 항상 뛰어난 재상의 활약이 있다.

　중국에서 제일 유명한 재상은 제갈량(181~234)이다. 잘 알다시피 제갈량은 중국의 삼국 시대를 배경으로 한 소설, 《삼국지연의》의 주역 중 한 명이다. 후한 시대 말기, 여러 영웅들이 중국의 패권을 차지하려 할 때 유비를 도와 촉한을 세우고 재상이 된 실제 인물이다. 뛰어난 지략가를 가리켜 '완전 제갈량이네?'라고 말할 정도로, 의지할 데 하나 없던 유비를 보좌해서 나라까지 세우게 해 일등공신의 대명사로 일컬어진다.

　뛰어난 정치가면서 소설에까지 등장하는 재상은 서양에도 있다. 대표적인 인물이 프랑스의 리슐리외(1585~1642)인데, 알렉상드르 뒤마의 소설 《삼총사》에 악당으로 등장하는 추기경이 바로 그 사람이다. 비록 소설에서는 악역을 맡았지만, 실제 프랑스에서는 나라를 위해 애쓴 명재상이다. 루이 13세를 보좌하며 왕권을 강화한 덕분에 그 뒤를 이은 루이 14세는 스스로 '짐이 곧 국가'라고 선언할 정도로 절대 권력을 누리게 된다. 뿐만 아니라 뛰어난 외교술로 다른 주변국들을 분열시켜 프랑스를 유럽 최고의 강국으로 만들기도 했다.

그로부터 약 250여 년 뒤에는 옆 나라 프로이센에서 뛰어난 재상이 등장한다. 비스마르크(1815~1898)는 재상이 되자마자 강력한 통일 정책을 펼쳐서 여러 나라로 분열되어 있던 독일 연방을 하나로 통일한다. 이때 '통일은 오로지 철(무기)과 피(군인의 목숨)로 이룰 수 있다.'는 유명한 격언을 남기는데, 그 후로 '철혈 재상'이라 불리게 된다.

알퐁스 도데의 소설 《마지막 수업》에서 프랑스어로 '마지막' 수업을 하게 된 이유가 바로 이 비스마르크 때문이다. 그가 이끄는 독일과의 전쟁에서 항복한 프랑스가 알자스-로렌 지역을 독일에 넘겨주게 되면서 비롯된 사건이었으니까. 다 알다시피 《마지막 수업》은 철부지 아이의 눈을 통해 모국어를 빼앗기면서 겪는 설움을 그리고 있다.

이를 보면 커다란 업적(좋은 쪽이든 나쁜 쪽이든)을 이루기 위해서는 왕뿐만 아니라 재상의 역할도 무척이나 크다는 사실을 다시금 확인할 수 있다.

독일의 정치가 비스마르크의 초상화. ©미국 뉴욕 공립도서관

세종의 야심작, 한글

다양한 분야에서 두 임금을 비교해 봤으니, 이제 각자 비장의 카드를 하나씩 꺼내 보는 건 어떨까? 가장 뛰어나다고 생각되는 대표적인 성과를 알아보는 거지. 세종 하면 '이거야!' 하는 식으로.

먼저 세종 하면 대표적으로 떠오르는 업적이 뭐가 있을까? 당연히 '한글'이지, 뭐. 한글을 만들어 반포한 건 까마득한 후손인 우리 생활까지 크게 변화시킨 대단한 업적이니까!

그래서 어떤 사람은 한글 창제를 새 하늘이 열리고 새 땅이 솟아난 거대한 격변에 비유하기도 하지. 우리말에 걸맞은 우리글이 처음 만들어져서, 비로소 우리 생각을 마음껏 펼칠 수 있게 되었다는 의미로 말이야. 자, 그럼 조선 땅에 천지가 개벽했던 현장을 한글 놀이로 알아보자. 알파봇!

"네? 한글 놀이요? 그런 건 처음 한글을 배우는 애기 때…… 하는 놀이 아니에요?"

"그래, 맞아. 한글이 갓 만들어졌던 때로 돌아가서 처음 배우는 입장이 되어 봐야 얼마나 유용한지 알 거 아냐? 모든 사람이 너처럼 프로그램만 깔면 바로 글자를 읽을 수 있는 게 아니라고. 넌 그냥 가, 나, 다, 라 운만 떼 봐. 글자에 맞춰서 내가 한글을 만들게 된 이모저모에 대해 설명할 테니까. 자, 시작!"

최고의 발명품 한글, 왜 만들었을까?

가난한 백성들은 먹고살기 위해 잠자는 시간 빼곤 일만 해야 했어. 어려운 한자를 배울 시간이 없었지.

나라에 억울한 일을 호소하고 싶어도 글자를 모르니 알릴 수 있는 방법이 전혀 없었어.

다른 나라 글자는 우리말에 맞지도 않고 쓰기도 불편했지. 세종은 이런 백성들의 불편함을 없애 주고 싶었건 거야.

라디오 같은 다른 나라 말, 그러니까 외래어는 어떻게 써야 할까? 가뜩이나 뜻도 어렵고 소리도 어려운데, 전부 한자로 바꾸어서 익혀야 했으니…….

어떻게 만들었을까?

마음을 담아 연구에 연구를 거듭했어. 아픈 눈을 비벼 가며 직접 소리를 연구하고, 목소리를 내는 사람의 신체 부위까지 공부했어.

바로 이거야! 드디어 우리말에 딱 맞는 글자를 만들어 냈어. 쉽고 과학적인 새 글자는 모두에게 감동을 주기에 충분했지.

사람들은 깜짝 놀랐어. 이제 똑똑하면 하루, 아무리 머리가 나빠도 열흘이면 익힐 수 있는 글자가 생겼거든! 우리나라에서 글자를 모르는 사람이 거의 없는 건 한글이 무척이나 배우기 쉬운 글자라는 게 가장 큰 이유라고 할 수 있어.

아차, 신하들이 있었지. 새로운 글자는 오랑캐나 만드는 짓이라며 꽉 막힌 신하들이 들고일어났어. 그중 대표적인 인물이 집현전 부제학이던 최만리야.

"쉬운 글자를 깨치면 똑똑해진 백성들이 우리를 가르치려 들 것입니다. 게다가 중국 글자가 있는데, 굳이 우리 고유의 글자를 만드는 건 오랑캐나 하는 짓입니다."

"**자**신감을 가지시오! 언제까지 중국 글자에 의존해서 살 작정이오? 백성들이 글자를 알면 가르치기 힘들어질 거라는 생각은 잘못되어도 한참 잘못되었소. 오히려 나라에 위급한 일이 생겨서 뭔가 알릴 일이 있을 때, 글자를 아는 백성이 많으면 더 쉽고 더 빠르게 전할 수 있을 게요."

백성을 위한 천지창조

차츰 한글이 퍼져 나갔어. 처음에는 언문이라고 부르며 천한 사람들이 쓰는 글자라고 여겼지만, 한자로 표현할 수 없는 말도 쉽게 나타낼 수 있었기 때문에 곧 모두의 글자가 되었지.

한번은 정조가 글을 쓰다가 '마구 뒤섞여 엉망이 되었다.'는 표현을 하고 싶은데 마땅한 한자가 영 떠오르질 않더래. 그래서 엄청 고민하다 그냥 한글로 '뒤죽박죽'이라고 썼다지 뭐야. 그 순간, 정조도 세종 할아버지에게 무릎을 꿇었을지 몰라.

"제가 졌습니다, 할아버지!"

카! 백성들은 한글을 쓰면 쓸수록 절로 감탄이 새어 나왔어. 마음에 떠오르는 것을 한자로 바꾸지 않고 바로 한글로 쓸 수 있으니 얼마나

여기서 잠깐!

민족 정신의 또 다른 이름, 글자

한글(훈민정음)은 현존하는 세계의 여러 글자 가운데 누가 언제 만들었는지가 분명하게 알려져 있는 거의 유일한 글자이다. 10세기 무렵, 북방 유목 민족이 세운 거란과 서하 등 몇몇 나라에서 글자를 만들었는데, 너무 어려웠던 탓인지 널리 사용되지 못하고 곧 사라지고 말았다.

1820년경, 아메리카 원주민인 체로키 부족의 세쿼야가 만든 체로키 문자도 한글처럼 만든 사람이 확실한 글자 중 하나이다. 모양은 알파벳을 본떴지만 소리는 다르게 해 체로키 부족의 문화와 정신을 계승하게 했다. 마치 한글이 우리 민족의 정신과 문화를 계승할 수 있도록 만들어 준 것과 비슷한 셈이다. 하지만 체로키 문자를 쓰는 사람이 점차 줄고 있어서, 미국에서는 체로키 문화 보존을 위해 의도적으로 문자의 보급을 돕고 있다고 한다. 한글처럼 스스로 살아남은 글자가 아니라는 점에서는 차이가 있어 보인다.

편리한지 몰라.

타자를 칠 때는 또 어때? 컴퓨터나 휴대폰의 글자 자판이 한자나 일본어, 또는 영어에 비해 훨씬 간단하다는 사실! 알고 있지?

파격적인 세종의 시도가 아니었다면 우리는 지금도 우리말과 맞지 않는 한자를 배워야 했을 테고, 어쩌면 글을 쓸 줄 모르는 사람이 지금보다 훨씬 더 많았을지도 몰라. 글자를 쓸 줄 모르는 사람은 자신의 능력을 펼칠 기회를 얻지 못했을 테고, 우리나라가 이만큼 발전하지도 못했겠지.

하늘이 열렸어. 백성들에게 새 세상이 온 거야. 한글 만세!

정조의 히든카드, 수원 화성

그럼 이번에는 정조만의 대표작을 살펴봐야겠지?

"알파봇, 내가 부탁한 거 준비됐어? 정조가 내세울 수 있는 최고의 야심작에 대해서 소개해 달라고 했잖아."

"너무하시네요! 만들라고 하신 지 한 시간도 채 안 되었는데 벌써 내놓으라니요. 제가 인공 지능 로봇이 아니었다면 못해 먹겠다고 그만뒀을지도 몰라요."

"뭐야, 인공 지능 로봇이 불평불만도 해? 뭘 그런 거 갖고 삐지고 야단이야. 혹시 지금 '누가 조선 최고의 왕인가?' 관련해서 자료 조사하느라 바둑 한 판도 못 뒀다고 짜증내는 거야?"

"그……, 그럴 리가요. 전 불평불만이 뭔지 모르는 존재라고요. 어 쨌든 저는 무엇이든 가능한 인공 지능 로봇이니까 바로 보여 드리겠 습니다! 자료를 모아서 영상으로 만들었어요. 제목은 〈수원 화성의 비밀〉, 장르는 정통 과학 정치 액션 블록버스터 다큐멘터리. 출연자 는 정조와 조선 후기 백성들입니다. 기대하시라, 개봉 박두!"

#1 왕의 힘을 만천하에

역사적 그날, 정조가 신하들을 모아 놓고 선언한다.

"올해는 나의 아버지 사도 세자와 어머니 혜경궁께서 태어나신 지 육십 년이 되는 해요. 이날을 기념해 몇 해 전에 화성을 지은 걸 다들 알고 계시리라 믿소. 화성으로 옮긴 아버님 묘에 인사를 올리고, 그곳 이 내려다보이는 데서 어머니 환갑잔치를 열도록 하겠소."

정조는 부모님에게 효도하고 실학 이론을 시험하고자 화성을 세웠 다고 발표한다. 하지만 여기에는 아무도 모르는 비밀이 숨어 있었다. 그 비밀은 과연 무엇일까?

정조는 왕위에 오른 지 십삼 년이 되는 해인 1788년에 신도시 건설 프로젝트를 마련한다. 겨우 초가집 몇 채만 있던 수원의 한 촌동네를 수만 명이 사는 신도시로 바꾸어 보겠다는 것! 신하들은 역사상 유례 가 없는 이 거대한 프로젝트가 불가능하다며 고개를 저었지만 정조는 끝까지 뜻을 굽히지 않았다. 정조에게는 화성을 건설해야만 하는 절박한 이유가 있었기 때문이다.

그 당시 권력을 쥐고 있던 노론 세력에게 정조는 위험한 왕이었다. 노론이 누구인가? 정조의 아버지 사도 세자를 억울한 죽음으로 내몬 당사자들이 아니던가? 노론은 정조를 왕위에서 끌어내리려고 호시탐탐 기회를 엿보고 있었다.

게다가 임진왜란과 병자호란을 겪으며 새로 바꾼 군사 체제인 5군영의 군권이 노론의 손아귀에 쥐여 있었다. 정조로서는 위협적일 수밖에! 실제로 자객들이 궁궐에 침입했을 때도 정조 스스로 맞서야 할 정도였다. 그 후 정조는 친위 부대를 만들었고, 이를 확대해 장용영을 설치했다.

'노론이 감히 들고일어나려는 마음을 먹지 못하도록 나만의 명령을 따르는 군대를 키워야겠다.'

정조는 자신의 군대를 키울 장소로 화성을 점찍었다. 노론 세력이 왕의 범상치 않은 의도를 눈치채고 반대하려 했지만, 마땅한 핑곗거리가 없어서 가만히 지켜볼 수밖에 없었다. 노론 세력이 이러지도 저러지도 못하는 사이, 정조는 장용영을 더욱 확장해 한양에 배치한 내영 군사 외에도 화성에 외영 오천 명을 더 배치했다.

훗날 완공된 화성을 만천하에 공개할 때, 정조를 호위하는 장용영 부대의 일사불란한 모습은 순식간에 보는 이들을 압도했다. 정예 부대가 된 장용영을 보며 하얗게 질린 노론 신하들이 입만 뻐끔댔다는 소문이 곧 전국팔도로 퍼져 나갔다.

수원 화성의 첫 번째 비밀, 즉 화성을 건설한 목적은 왕권을 강화하기 위해서였다!

#2 최첨단 기술로 세운 철옹성

여기는 18세기 최첨단 과학 기술을 시험하는 화성 건설 현장. 당대 최고의 건축물을 완성한다는 목표로 서양의 건축 기술과 우리 전통 기술을 결합하느라 모두들 구슬땀을 흘리고 있다. 무거운 돌을 옮기는 거중기와 돌을 높이 끌어 올리는 녹로를 사용해, 보다 안전하고 빠르게 성벽을 쌓는다. 그 덕분에 힘도 덜 들고 일하는 백성이 다치는 일도 눈에 띄게 줄어들었다.

또, 이전과 달리 공사에 동원된 백성들에게 일한 대가를 지불하는 파격적인 조치를 취했다. 다들 의욕에 넘쳐 일한 덕분에 완공 기간이 훨씬 앞당겨졌다!

"수원 화성이 예정보다 일찍 완공을 앞두고 있습니다. 반평생을 건설 현장에서 일했지만, 이토록 놀랍게 진행되는 공사는 처음입니다. 게다가 최첨단 기술을 사용해서 자그마치 4만 냥을 절약할 수 있었습니다."(건설 현장에서 잔뼈가 굵은 김 아무개 소장 인터뷰에서)

실제로 완성된 화성의 모습은 대단했다. 성벽 위쪽은 조선 최초로 벽돌을 사용해 건설했다. 벽돌은 크기가 작아 모양내기가 좋고, 화강암보다 단단해 화포의 충격을 잘 견뎠다. 성벽 안쪽으로는 흙으로 언덕을 만들어 밖에서 아무리 화포를 쏘아도 벽이 무너지지 않도록 설계했다.

그리고 성벽 곳곳에 밖에서는 보이지 않는 구멍을 만들어 두었다. 그 구멍에 조총을 집어넣어 적들에게 쏠 수 있도록 은밀히 제작되었다. 어떤 구멍은 멀리 있는 적을, 어떤 구멍은 가까이 있는 적을 쏠 수 있도록 만들어서, 적군이 어디서 총알이 날아오는지 알아챌 수 없도록 했다.

적의 동태를 살피는 여덟 개의 치와 화포를 설치한 공심돈을 곳곳에 배치해 예술미 넘치는 성벽과 아름다운 건축물에 군사 방어 시설을 결합시켰다. 정조는 '아름다운 것이 곧 강한 것'이라고 여겼다. 동양과 서양의 기술이 절묘하게 어우러져 만들어진 예술적인 군사 건축물의 시험과 완성, 이것이 바로 수원 화성의 두 번째 비밀!

#3 백성을 위한 행복 도시

마침내 위용을 드러낸 화성! 정조는 화성 주변 곳곳에 저수지를 만들고, 농사지을 땅을 일구도록 했다. 또 가뭄과 홍수에 대비해 곳곳에 나무를 심었다. 마침 도시 한가운데에 큰 강이 흘러 사람들이 살기에 적합한 환경이었다.

그래서인지 소문을 듣고 전국에서 농민들이 몰려오는 바람에 인구가 엄청나게 늘어났다. 원래 몇 채 안 되었던 초가집 주변으로 무수하

게 많은 집들이 지어졌다. 사람들이 농사를 짓고 물건을 만들다 보니 자연스럽게 시장이 생겨났다. 곧 시장은 화성 안에 사는 백성뿐 아니라, 전국의 장사꾼들이 이용할 정도로 규모가 불어났다.

이로써 갖가지 물자가 수원 화성을 통해 전국으로 퍼져 나갔다. 그 덕분에 화성은 먹고 자고 물건을 사고파는 자급자족 도시이자, 정조의 왕권 강화 프로젝트에 정점을 찍는 조선 최고의 신도시가 되었다.

뿐만 아니라 화성에서는 무과 시험이 정기적으로 열렸고, 여기서 뽑힌 무사는 장용영에 배치되는 혜택을 누렸다. 화성에 거주하는 정조의 친위 부대 장용영은 서른 명에서 시작해 오천 명이 넘는 대부대로 성장했다. 설사 노론 세력이 군대를 동원해 왕을 갈아치우려 해도, 장용영이 버티는 한 함부로 칼을 뽑아들 수 없게 된 셈이다.

화성 건설로 자신감을 얻은 정조는 왕권 강화에 더욱 박차를 가하고, 자신의 뜻에 따라 백성들이 행복해지는 조선을 만들기 위해 본격적으로 힘을 쓰기 시작했다.

수원 화성의 마지막 비밀은 '무한한 가능성'이다. 백성 모두가 풍족하고 안전한 삶을 누릴 수 있는, 행복한 도시를 전국 방방곡곡에 만들 수 있다는 가능성!

정조는 자신들의 권력을 유지하기에 급급한 노론 세력을 화성 건설로 찍어 누를 수 있었어. 노론의 본거지인 한양을 벗어나 왕이 후원하고 또 왕을 지지하는 백성들이 사는 도시를 성공적으로 만들었으니까.

화성은 백성들을 행복하게 만드는 게 최고의 정치라는 정조의 생각을 실제로 실현시켜 주었지. 농업과 상업의 발달로 백성들의 살림살이가 풍족해지고, 튼튼한 방어 시설로 인해 안전하게 살 수 있게 되었으니까. 그래서 정조는 제2, 제3의 화성을 여기저기에 건설하려는 원대한 꿈을 꾸었어.

하지만 화성이 완공되고 얼마 되지 않아서 정조가 갑자기 죽고 말아. 참 안타까운 일이지 뭐야. 정조에게 시간이 더 있었으면 전국 방방곡곡에 신도시가 생겨났을 텐데.

옥에 티를 찾아라!

지금까지 두 임금의 무수히 많은 장점을 살펴봤어. 조선 최고의 왕 자리를 다투는 두 사람답게 장점이 어마어마하게 많다는 걸 이미 눈치챘을 거야.

그러니까 이번에는 각자 어떤 단점을 갖고 있는지 살펴보면 어떨까 싶어. 옥에 티를 찾다 보면 흠이 적은 사람이 누구인지 알 수 있을 테니까. 세종과 정조의 옥에 티 찾기 프로젝트, 〈이제는 말할 수 있다!〉.

그럼 가장 정확하게 증언해 줄 사람을 불러 보자고.

"알파봇, 인터뷰를 위해서 두 사람을 모셔 와야겠는데? 미리 가서 귀띔 좀 해 드려. 이번에는 장점이 아니라 단점을 얘기하는 시간이니까. 멋모르고 나왔다가 당황하실지도 모르잖아."

"과연 증언을 하러 나오실 분이 있을까요? 제가 다른 사람한테 절대로 박사님 뒷담화는 안 하는 것처럼 굳건히 의리를 지키시는 분들이면 어떻게 해요?"

"뭐가 어째? 이제 학생들까지 나를 멍 박사라고 부르는 게 누구 때문인지 내가 모를 거 같아? 그리고 네 친구 알파고 아이디로 악플 단거 내가 못 본 줄 알아? 빨리 다녀오지 못해?"

"가요, 간다고요!"

도덕성보다 능력이 먼저

멍 박사, 나를 부르셨는가? 나는 세종 대왕이 가장 아끼던 신하 중한 명인 신숙주일세. 생전에 세종 임금의 지극한 사랑을 받긴 했지만, 내가 워낙 솔직해서 또 할 말은 하는 스타일이거든. 그럼 한번 조리있게 설명해 볼까?

세종 임금님의 옥에 티 중 첫 번째는 신하를 너무 믿는다는 점이라네. 황희나 조말생, 맹사성같이 당신이 몹시 아끼는 신하는 잘못한 게 있어도 대충 눈감아 주셨지. 엄청난 프로젝트들을 성공시킨 완벽한 임금의 성격치고는 의외이지 않은가?

예를 들어 황희나 맹사성은 자신의 가족이나 친지가 나쁜 짓을 저지르면 앞장서 벌을 주지는 못할망정 죄를 면해 달라고 다른 관리들에게 몰래 부탁하곤 했어. 한마디로 고위 공무원이 판사나 검사 또는 경찰에게 부정 청탁을 한 셈이지.

황희의 경우가 대표적이야. 황희 자신은 능력 있고 사람 좋기로 소문났는데, '너무 인자해서' 그만 들어오는 뇌물 막지 않고 나가는 문제 아 잡지 않았다네. 그래서 실록을 보면 큰 죄를 짓고 처벌을 받게 된 관리들이 황희에게 뇌물을 주어 모면하려는 일이 많았지. 그 바람에 황희는 관리들의 비리를 감시하는 관청인 사헌부의 비난을 종종 받았어.

나아가 '너무 너그러운' 탓에 얼마나 오냐오냐했는지 자식들이 하나같이 문제가 많았지. 어떤 아들은 세자궁의 물건을 훔치는가 하면, 어떤 아들은 뇌물 수집에 달인이었다나? 황희가 정승으로서 발군의 실력을 선보이며 조정에 공헌했지만, 그 모든 공을 아무것도 아닌 걸로 돌릴 정도였다니까 엄청나게 심했던 모양이야. 만약 조선 시대에도 청문회나 김영란법이 있었다면 황희는 나쁜 쪽으로 역사책에 등장했을지도 몰라.

하지만 세종 임금님은 이런 사실을 알고도 모른 체하기 일쑤였어. 사실 그때만 해도 뇌물에 대한 생각이 지금보다 훨씬 더 관대한 편이긴 했지. 선물과 경계가 명확하지 않을 정도로 사람끼리의 정이라고 생각했으니까. 아니면 다른 사람들도 다들 비슷하니 처벌해 봤자 별 소용이 없다고 생각한 걸까?

조말생도 마찬가지야. 뇌물 받기의 일인자인 조말생은 끊임없이 사헌부의 비판을 받았어. 조선의 법전인 《경국대전》에는 '분경 금지'라고 해서 뇌물을 받고 관직을 나누어 주거나, 특정 인물을 이유 없이 좋은 자리로 승진시키는 식의 인사 청탁을 엄하게 금지하고 있어. 이를 어기면 죄를 지은 자의 자손은 과거 시험도 보지 못하도록 만들었으니까. 하지만 불행인지 다행인지, 이때는 아직 《경국대전》이 만들어지기 전이지 뭔가?

세종 임금님은 일 잘하는 조말생을 놓치기 싫으셨나 봐. 그래서 매번 조말생을 편드셨지. 나중에는 뇌물을 너무 많이 받아서 법대로 하면 사형에 처해야 할 지경에 이르렀는데도, 그냥 관직에서 쫓아내는 수준에서 그치고 말았어. 그래서 조말생이 다시는 관직에 발을 못 붙였느냐고? 설마! 조금 지나서 여론이 가라앉자 다시 조정으로 불러들이셨는걸.

비리 관리, 게 섰거라!

신라 시대부터 있었던 관리 감찰 기관은 고려 제31대 왕인 공민왕 때부터 '사헌부'라는 이름으로 굳어졌다. 조선 시대에는 세종 때 사헌부의 조직이 확립되는데, 우두머리인 종2품 대사헌 아래 육십여 명의 대간(사헌부와 사간원의 관리를 일컫는 특별한 호칭)들로 이루어져 있었다. 사헌부에서는 중앙과 지방을 가리지 않고 관리들의 부정을 찾아내었으며, 발견하는 데 그치는 게 아니라 법적인 조치까지 취할 수 있었다. 뿐만 아니라 관리를 임명할 때 자격을 심사하는 역할도 맡고 있었기에, 내부적으로 위계질서와 규율이 가장 엄격한 관청 중 하나였다. 사헌부 관리는 곧은 선비라면 한 번쯤 거쳐야 한다는 의미로 일명 '청직'이라 불렸고, 이에 발맞춰 주로 젊고 기개 있는 인재들이 임명되었다.

부끄럽게시리…….

옥에 티 두 번째! 황희, 맹사성, 조말생 등 한번 관직에 앉힌 인물을 절대 물러나게 하지 않으셨어. 세 사람이 임금님의 중대한 약점이라도 잡고 있었는지, 원……. 만날 고기반찬만 드신다는 사실을 백성들에게 알리겠다고 돌아가며 협박이라도 한 모양이지?

아무튼 전하께서 삼십삼 년간 임금 자리에 계시는 동안 황희가 이십이 년이나 재상 자리에 있었다는 건 앞에서 이야기했지? 거기에 덧붙여 맹사성은 팔 년 동안 재상을 지냈는데, 그 당시로서는 팔 년도 재상 자리를 유지하기에 아주 긴 시간이라고 할 수 있어.

이렇게 한 사람이 몇십 년씩, 그러니까 나이가 아흔 살이 되도록 재상 자리를 차지하고 있으니, 그 아래 사람은 평생 재상에 오르지 못하고 죽거나 나이가 들어 은퇴하는 일이 종종 생겼어. 사람을 고루고루 써야 능력이 개발되고 나라도 더 발전하는 법인데, 전하께서는 한번

믿은 사람만 죽자고 쓰시는 바람에 아쉽게 물러난 인재도 많았지. 물론 그 덕에 나라를 안정적으로 이끌 수 있긴 했지만.

내 말이 제일 아름답다

에헴, 나는 규장각 검서관 이덕무일세. 나에게 이런 증언을 시키다니, 참 곤란하군그래. 하지만 후손들에게 꼭 필요하다고 하니 제대로 들려주도록 하지.

신하들을 무조건 믿은 세종 임금님과 달리, 정조 임금님은 매사에 신하의 말을 부정하시고 가르치려 드셨어. 오죽하면 평소에 제일 자주 하시는 말씀이 "그렇지 않다." "절대 그렇지 않다." "그건 틀렸다."……, 이런 거였겠어? 전하를 이겨 먹으려는 노론 신하들에게 둘러싸여 계셨다는 점은 십분 인정해. 또 걷기도 전부터 할아버지 영조로부터 천재성을 인정받았을 정도니, 웬만한 신하들보다 똑똑하다는 것도 충분히 이해할 수 있지.

그런데 문제는 같은 편, 그것도 당대 최고의 석학들인 규장각 신하들에게도 비슷한 반응을 보이셨다는 거야. 규장각에서는 평소에도 종종 시험을 봤다는 거 알아? 어마어마한 경쟁률을 뚫고 과거 시험에 우수한 성적으로 급제한 당대 최고의 두뇌들, 그중에서 서른일곱 살 이하의 유망한 관리 열댓 명을 '초계문신'이라 부르며 규장각에서 따로 교육을 했어. 정조 임금은 이들을 직접 가르치시고 시험 감독까지 하셨지. 자신의 친위 부대를 최정예 싱크탱크로 키우려는 의지가 분명했어.

하지만 활발하게 정책을 펴고 일해야 할 완성형 두뇌들을 모아 놓고 무지막지하게 다시 공부시키는 것도 모자라 끊임없이 시험을 보게했으니⋯⋯, 다른 사람의 능력을 못 믿어도 너무 못 믿으셨던 것 같지 않아? 규장각에서 시험을 볼 때면 당대 최고의 천재라 불리던 정약용도 식은땀을 뻘뻘 흘리며 떨었던 적이 많았대. 그러니 다른 사람들은

정조의 권유를 거부한 박지원

《열하일기》의 작가로 유명한 박지원은 손꼽히는 노론 집안의 후손이었음에도 과거 시험을 보지 않았다. 심지어 실력이 워낙 뛰어나서, 과거 시험의 예비 시험격인 소과에서 장원을 휩쓴 기대주이기까지 했다. 그런데 출셋길이 창창해 보이던 박지원은 돌연 과거 시험을 포기하고 학문을 탐구하는 데 매진했는데, 그 당시 홍대용, 이덕무, 유득공, 박제가 등 실학자들과 학문적인 뜻을 같이하여 이들을 '북학파'라 불렀다.

1780년에 마흔네 살이던 박지원은 조선에서 파견한 사신 일행에 끼어 청나라를 방문하고 돌아온 뒤, 청나라 황제의 별궁이 있던 열하까지 다녀온 약 육 개월간의 여정을 기록해 책으로 펴냈다. 이 책이 바로 조선을 뒤흔든 베스트셀러 《열하일기》였다. 총 스물여섯 권으로 이루어진 《열하일기》는 청나라의 선진 문물에 빗대어 조선의 사회 문제를 진단하는 뛰어난 문학 작품으로, 완본이 채 나오기도 전에 필사본이 시중에 퍼질 정도로 인기를 끌었다.

정조는 이를 두고 박지원에게 반성문을 쓰게 했는데, 개인의 개성이 드러나는 자유로운 문체를 버리고 옛 글의 문체를 되살려야 한다는 게 이유였다. 이를 '문체 반정'이라 부른다. 반성문을 쓰면 벼슬을 내리겠다고 한 걸로 보아, 정조가 큰 벌을 주려는 의도는 없었던 듯하다. 그렇지만 몇몇 연구자들은 문체 반정을 개혁 군주로 이름난 정조의 몇 안 되는 흑역사(?) 중 하나로 보기도 한다.

절대 안 돼! 당장 반성문 써. 다시는 그런 글 안 쓴다고 다짐하라고.

나라님은 다 좋은데 그게 문제임.
다른 건 다 실용적이면서 왜 문장은 틀에 박혀서 안 고침?

시끄럽고! 반성문 안 쓰면 벼슬도 없어.

그까짓 거 안 해도 됨.
어차피 과거 공부도 때려친 지 오랜데.

너, 너, 너……! 그럼 문체 반정 시작한다?

• 문체 반정 : 참신한 이야기 식의 새 문체를 옛날 문장으로 되돌리자는 주장.

어땠겠어?

전하께서 뛰어난 분이라는 건 누구나 인정해. 학문에 대해 토론을
벌일 때면 따라올 사람이 없었으니까. 게다가 활쏘기를 비롯해 여러
무예에도 상당히 뛰어나셨지.

하지만 임금이란 스스로 뛰어난 것도 중요하지만, 일 잘하는 사람

을 제대로 써먹을 줄 알아야 하는 거 아니겠어? 그런데 스스로 임금이자 스승이라고 하시면서, 아끼는 신하일수록 더욱더 가르치고 깨우치려 하셨으니 해도 해도 너무한 거지.

그 덕분에 박제가나 나 같은 학자들이 새롭게 등장할 수 있었지만, 모든 일마다 지적당하는 신하 입장에서는 자신 있게 맡은 일을 해내기가 쉽지 않았던 것도 사실이야. 전하와 박지원이 나눈 대화를 보면, 신하를 어떻게 대하시는지 대충이나마 알 수 있을걸?

옥에 티라며 몇 가지 꼽아 보긴 했는데, 이것도 나랑 알파봇이 자료를 뒤지고 뒤져서 겨우겨우 찾아낸 거란 말이지. 쥐어짜도 겨우 이 정도인 걸 보니, 두 임금이 새삼 존경스러울 따름이야. 티가 너무 작아서 누가 더 많은 단점을 가졌다고 말하기 힘들다고나 할까?

단점을 비교하는 건 포기하고, 마지막으로 오늘날 두 임금 중 누구의 영향력이 더 큰지나 알아봐야겠다.

조선의 국방, 누가 더 잘했나?
··· 4군 6진과 장용영 ···

보통 학문에 힘쓰고 과학과 예술이 번성했던 시대에는 국방에 소홀하기 마련이다. 학문이나 과학이 발달한다는 건 그만큼 머리 쓰는 사람을 우대한다는 뜻이니, 몸을 쓰는 무신들은 홀대받을 확률이 높기 때문이다.

여기서 특이한 게 세종과 정조 시대이다. 대부분은 세종이라고 하면, 과학 기술이나 한글을 먼저 떠올리기에 국방에 대한 언급은 늘 뒤로 밀리곤 한다. 하지만 엄청난 게 있다! 바로 '무기 개발'과 '영토 확장'이다.

세종은 왕자 시절부터 화약을 이용한 화포에 지대한 관심을 갖고 있었다. 태종이 고려 시대에 화포를 개발한 최무선의 아들 최해산에게 무기 개발을 맡겼는데, 세종이 즉위하면서 연구에 더욱더 박차를 가하도록 만들었다. 그 결과, 세종 시절 ○○총통으로 불리는 갖가지 화포들이 개발되었다. 이전의 화포와 같이 화약을 사용하면서도 더 정확하고, 더 멀리 날아가는 효과적인 무기를 개발했던 것이다. 여기에 그치지 않고, 책 덕후인 세종은 《총통등록》이라는 화포에 관한 책까지 펴내게 했다.

여기서 끝이 아니었다. 세종은 '신기전'이라고 불리는, 한 번에 백여 발의 화살을 날리는 일종의 로켓포와 같은 무기도 개발했다. 신기전은 살상력이 뛰어난 무기라기보다는 엄청난 공포감을 주는 무기로, 적이 숨어 있는 장소에 사용하면 바로 도망쳤다고 할 정도로 위협적이었다고 한다. 세종은 신기전을 개발만 한 게 아니라 실전 배치를 마치고 바로 전투에 써먹었는데, 바로 그 유명한 4군 6진 개척에 신기전을 동원했다!

세종이 막 즉위했을 무렵, 조선의 북쪽 국경은 압록강 아래쪽이었다. 그런데 서쪽으로는 압록강 근처, 동쪽으로는 두만강 근처에 여진족들이 흩어져 살면서 종종 조선의 국경을 침범하자 세종은 백성들을 보호하기 위해 북쪽 영토를 확실히 지켜야 할 필요성을 느꼈다.

그래서 어떻게 했을까? 신하들의 반대에도 불구하고 두 번에 걸쳐 군대를 보내 여진족을 정벌했다. 1차 정벌에서는 최윤덕이 군대를 이끌고 압록강 일대를 평정한 뒤 이곳에 4군을 설치해 조선의 영토로 못 박았고, 2차 정벌에서는 김종서가 군대를 이끌고 두만강 일대를 정벌해 6진을 설치했다. 그 후 압록강에서 두만강에 이르는 우리나라 국경선이 정해졌고, 세종은 국토를 확장한 마지막(!) 왕으로 일컬어지게 되었다.

이렇게 진행되기까지 가장 큰 힘이 된 건 바로 막강한 무기의 위력이었다. 제아무리 과학 기술을 중시하던 세종이라 해도 신무기를 개발만 하고 실전에서 사용할 생각을 하지 않았더라면, 국토 확장이라는 큰 그림을 그리기 힘들었을지도 모른다.

정조, 평화를 지키기 위해 군대를 양성하다

세종은 무기를 개발했지만 실제 전투에 앞장서지는 않았다. 또 별다른 기록이 남아 있지 않은 걸로 보아 스스로 무예를 닦는 데는 별반 관심이

친위군인 장영용과 함께 행진하는 왕의 행렬을 담은 〈정조의 능행길〉. 어가 앞뒤로 다양한 모습의 병사들을 찾아볼 수 있다. ©국립중앙박물관

없었던 듯하다.

　그에 비해 정조는 문무를 겸비한 군주였다. (세종보다 낫다는 게 아니라 각자의 장점이 있다는 정도로 받아들이자!) 정조는 활쏘기의 달인으로 유명했다. 단순히 신체 단련을 넘어 주몽이나 이성계의 후계자라 할 만했다나. 얼마나 대단했냐고? 신하들 앞에서 활쏘기를 하면 50발 중 49발을 맞췄다고 한다. 한 발은 못 맞춘 게 아니라 운이 아니라는 걸 증명하려고 일부러 안 맞힌 거라나? 혹시나 의심이 드는 사람이 있다면 《조선왕조실록》을 찾아보시라. 49발을 맞췄다는 기록이 여러 번 반복해서 나오니까!

　정조는 무예가 뛰어난 덕에 즉위 초 자객으로부터 스스로 목숨을 지켜내었다. 그런데 혼자서는 암습을 막기가 쉽지 않은 데다, 왕이 직접 나서는 건 모양 구겨지는(?) 일이 아닐 수 없었다. 그래서 무예가 뛰어난 무사 서른 명을 뽑아 자신을 호위하도록 했다. 일단 '왕의 호위'라는 명분이 생기자, 그다음 단계로 장용위라는 부대를 만들었다. 그리고 부대를 더 확장해 '장용영'이라는 군대를 조직했다. 호위 무사에서 시작한 장용영이 임금의 친위군으로 성장한 셈이다. 규장각이 정조의 두뇌와 같은 조직이었다면, 장용영은 정조의 몸과 같은 부대였다고나 할까?

정조는 군사력을 키우는 데 박차를 가해, 전통 무술에 새로운 무술을 융합한 《무예도보통지》라는 책을 펴냈다. 보병이 사용할 수 있는 맨손, 창, 검을 이용한 무술, 말을 탄 기마병이 사용할 수 있는 무술을 하나하나 정리하고 실제로 효과적인지 점검해서 그림과 함께 정리했다. 규장각의 검서관이던 이덕무와 박제가, 그리고 장용영의 무관인 백동수 등이 무예 훈련서를 만드는 일에 참여했다고 하니, 정조의 머리와 몸이 힘을 합해 만든 합작품이라 부를 수 있겠다.

이 책의 서문에는 '정조 임금의 시대는 아주 평화롭지만, 이후로도 계속 평화로운 조선을 만들기 위해 썼다.'라고 적혀 있다. 문화 예술 분야에서 전성기를 꽃피우던 평화로운 시대임에도 불구하고, 정조는 국방에도 무척이나 신경을 쓴 셈이다.

신무기를 개발한 세종과 실용 무술을 선보인 정조, 두 왕을 보면 진정으로 뛰어난 지도자는 어느 한 분야도 소홀히 하지 않는다는 사실을 알 수 있다. 이는 비단 조선 시대뿐 아니라, 우리가 살아가는 현대에도 적용되는 덕목이 아닐까.

펜을 들어 적을 막겠소!
··· 칼이 강한 나라, 붓이 강한 나라 ···

세계사 속에서 '문(文)'과 '무(武)'로 나뉘어 치열하게 경쟁한 두 나라가 있다. 바로 고대 그리스의 아테네와 스파르타이다. 아테네는 소크라테스와 플라톤, 아리스토텔레스 등 인류 역사에서 손꼽히는 철학자들을 배출했고, 서양의 문학·철학·과학·정치의 발상지라는 칭송을 듣는다.

그에 반해 스파르타는 전사의 나라로 유명하다. 보통 강압적이고 통제가 철저한 훈련을 '스파르타식 훈련'이라고 부른다. 스파르타는 강한 전사를 키우기 위해, 갓 태어난 아기가 약해 보이면 그 자리에서 죽이고 강한 아이만 남겨 어른이 될 때까지 군사 공동체 생활을 시켰다고 한다. 젊은 시절을 전부 군대에서 보내야 한다니, 맙소사!

고대 그리스 아테네의 극장을 묘사한 상상화. 아테네는 연극, 건축, 조각 등 각종 예술과 철학뿐 아니라 민주주의의 발생지로도 유명하다. ⓒ뉴욕 공립도서관

두 나라는 그리스 여러 도시 국가 중에서 가장 힘센 라이벌이었다. 그리스 밖에서 쳐들어오는 나라와 전쟁을 할 때는 힘을 합쳐 막아 냈지만, 어느 한쪽이 패권을 잡지 못하도록 서로

견제하는 관계였다. 그러다 결국 이해관계가 충돌하며 전쟁이 벌어졌는데, 전쟁의 승자는 모든 걸 군사력에 쏟아부은 스파르타였다. 그런데 '고대 그리스' 하면 사람들은 패자인 아테네를 먼저 떠올린다. 아테네의 지식인들이 자신들의 입장에서 수많은 기록을 남겼기 때문이다. 비록 칼 앞에 무릎을 꿇었지만, 펜으로 남긴 기록에 힘입어 먼 훗날 승리를 거둔 셈이다.

한쪽에 유난히 치우친 두 세력의 경쟁은 중국에도 있었다. 900년경에 세워진 송나라가 '문', 그 주변 유목 국가를 '무'라고 할 수 있다. 송나라는 중국 대륙을 통일한 이후 문에 치우쳐 국방에 소홀해졌고, 이를 틈타 힘을 키운 주변 유목 국가의 침략을 받게 되었다.

그 당시 송나라는 엄청난 부를 누리며 화려한 문명을 일구었다. 인구, 경제력, 기술 등에 있어 당시 세계 최고라고 할 수 있었다. 그런데 송나라는 앞선 수나라나 당나라가 번번이 군사력을 가진 권력자들의 반란으로 망하는 걸 보고는 무신의 힘을 억누르고자 했다. 그러다 보니 군사력이 약해져 나라의 크기에 비해 지킬 수 있는 힘이 턱없이 부족했다.

이때 송나라 주변에서 유목 민족인 거란족, 여진족, 몽골족 등이 차례로 나라를 세워 끊임없이 송나라를 침략했다. 결국 송나라는 평화를 지키기 위해 해마다 엄청난 양의 은과 비단을 이들에게 바쳐야만 했다. 전쟁과 세금으로 백성들이 고통을 겪은 건 당연한 일. 결국 송나라는 몽골족의 침략으로 멸망했고, 그 후 중국에는 몽골족이 세운 원나라가 들어섰다.

세계의 역사가 보여 주듯, 무나 문 어느 한쪽이 발전하면 다른 한쪽은 소홀하기 쉽다. 이에 비해 세종과 정조는 '평화로운 시기에 위태로움을 걱정한다.'는 교훈을 몸소 실천했다고 볼 수 있겠다.

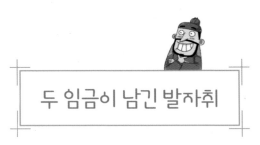

두 임금이 남긴 발자취

역대 우리나라 왕 중에서 제일 유명한 사람이 누구인지 국민 투표를 하면 결과가 어떻게 나올까? 근데 유명하다는 게 뭘까? 가장 좋아하는 왕? 아니면 위대한 업적을 세운 왕? 아니, 어쩌면 악명 높은 왕이 가장 유명할 수도 있겠네. 조선을 망친 왕, 하면 누구누구 훌쩍 떠오르는 것처럼. 차마 입 밖으로 꺼내진 못하겠고…….

사실 '가장 유명한 왕'이라고 하면, 자주 접하고 흔하게 들어 본 왕을 가리키는 걸 거야. 비록 시대는 다르지만 지금도 사방 곳곳에 그 발자취가 남아 있어서, 모르고 싶어도 모를 수 없는 그런 인물 말이야.

그럼 인기 투톱을 달리는 세종과 정조가 우리 주변에 어떤 발자취를 남겼는지 알아봐야겠어. 역사상 가장 훌륭한 왕으로 손꼽히는 두 사람이니까 그 흔적이 많이 남아 있지 않을까? 그런데 어떻게 찾지? 인터넷 검색을 해 봐야 하나……. 그래, 검색이라면 알파봇이지. 알파봇! 아니, 이 녀석이 또 어디 갔어?

"여기요!"

"이게 뭐야, 알파봇? 갑자기 내 일기장을 꺼내 오면 어떻게 해! 이건 사생활 침해야. 두 임금의 발자취를 찾는 일과 내 일기장이 도대체 무슨 관계가 있다는 거야?"

"제가 가진 정보를 분석해 보니 원하는 답이 전부 들어 있는 건 멍 박사님 일기장밖에 없더라고요. 데이터가 그런 걸 어쩌라고요?"

"그럴 리가 있나? 내 일기장에 전부 들어 있다고?"

멍 박사의 첫 번째 하루

오늘 전시회가 있어서 외출을 했다. 전시회가 열린 장소는 서울 세종로에 있는 세종 문화 회관이었다. 전시회를 보고 나오자 광장이 사람들로 가득했다. 세종 대왕 동상 앞은 사진을 찍는 관광객들로 유난히 북적였다. 우리나라 최고의 핫 플레이스라고 할 만했다. 나도 한 컷, 찰칵!

인파를 피해 버스에 올라탔다. 나도 모르게 멍 때리다 정신을 차려 보니, 우리 집 대문이 스쳐 지나고 있었다. 자리에서 벌떡 일어나 뛰어내리려는데,

기사님이 세종 대학교 앞이라고 알려 주었다. 저 거대한 학교 정문과 우리 집 대문을 착각하다니, 내 정신이 잠깐 어떻게 되었나 보다. 부끄러운 나머지, 내릴 정류장이 아닌데 버스에서 후다닥 뛰어내렸다.

뭐, 나를 탓해야지 누굴 탓해? 시간이 없어 택시를 잡아탔다. 그 바람에 세종 대왕 얼굴이 떡하니 찍힌 만 원짜리 한 장을 그냥 날렸다.

기분도 꿀꿀하고 해서 영화나 보려고 했더니, 요즘 잘나가는 건 죄다 사극이다. 한글 만드는 이야기, 천문 관측하는 이야기 등등. 오천 년 역사가 전부 흥미로운 소재일 텐데, 시대 배경은 어떻게 세종 때가 이렇게 많은지 모르겠다. 근데 또 전부 재미있단 말이지?

오늘은 일찍 자야겠다. 내일 세종시에서 열리는 세종 둘레길 걷기 대회에 참가해야 하니까. 내일 꼭 일등을 하고 말 테다!

멍 박사의 두 번째 하루

역사 모임에서 나들이를 갔다. 늘 가는 수원 화성이다. 화성으로 나들이를 온 게 벌써 몇 번째인지 모르겠다. 그래도 구경할 유적이 많고 장소도 넓어서 그닥 질리지는 않는다. 사실 이보다 더 나은 곳을 찾는 게 어려울 수도?

늘 그렇듯이 친구들과 정조 대왕 동상 앞에서 만나기로 했다. 마침 축제가 벌어지고 있어서 도로가 혼잡했다. 사람이 많아서 아는 얼굴인데도 찾느라 한참 고생했다. 마침 가장 친한 친구를 만났다. 나는 정조 능행차길 체험 행사에 참여한 적이 있다는 친구와 함께 화성 곳곳을 쏘다녔다.

적들이 오는지 살펴보는 '치'와 적이 오면 대포를 쏘도록 되어 있는 '공심돈'도 둘러보았다. 보통은 평지에 쌓은 성에서 생활하다가 적이 쳐들어오면 산성으로 옮겨 방어를 하는데, 그와 달리 화성은 적이 쳐들어오면 곧장 성문

우리나라 최초의 이지스함, 세종대왕함

현재 우리나라 해군이 보유하고 있는 강력한 무기 중 하나가 이지스 구축함이다. 이백여 개의 목표 탐색과 추적, 스무 개가량의 목표 동시 공격 등을 수행할 수 있는 최신 이지스함을 보유한 해군은 세계적으로도 많지 않다. 우리나라는 현재 총 석 대의 이지스함을 운용하고 있는데, 2007년에 진수된 우리나라 최초의 이지스함이 바로 '세종대왕함'이다. 군함에 왜 장군도 아닌 세종 대왕 이름을 붙였을까? 세종 대왕이 우리나라 영토를 확장한(4군 6진) 역사상 마지막 왕이라는 점을 높이 산 건 아닐까? 우리나라 해군에서는 구축함에 이름을 붙일 때, 국민들에게 추앙받는 역사적 영웅이나 국난을 극복한 인물 중에서 고른다고 한다.

둘째 날

을 닫고 방어할 수 있도록 되어 있다.

즐거운 나들이를 마치고 내려오는데 어디선가 풍악 소리가 들렸다. 조선 시대 옷을 입은 긴 행렬이 이어졌다. 펄럭이는 깃발을 보니 '정조 효 문화 축제'라고 쓰여 있었다. 정조와 여러 신하, 그리고 궁녀 복장을 한 사람들이 거리 행진을 벌이는 모양이었다.

오래전에 TV에서 방영한 드라마 〈이산〉(정조의 원래 이름이 이산이었다!)을 본 적이 있는데, 마치 그 드라마 속 인물이 튀어나온 것 같았다. 정조 이름이 붙은 연구소에서 설명하기를 '남태령길', '장승백이 고개' 같은 길 이름이 모두 정조 능행 때문에 생겨난 거란다.

내가 나서서 더 자세히 설명해 주려고 했는데, 친구들이 말려서 꾹꾹 눌러 참았다. 정조 행차를 본 김에 오늘은 사도 세자 이야기를 다룬 영화 〈사도〉,

178   세종과 정조, 왕중왕을 다투다

정조 이야기를 담은 영화 〈역린〉이나 보고 자야겠다.

맙소사! 내가 이런 일기를 썼단 말이야? 흠, 정말이지 문장 하나하나가 눈에 쏙쏙 들어오는군. 까다롭기로 유명한 정조 임금이 보더라도 흠 잡을 데 없이 완벽한 글이야.

그나저나 딱 하루 돌아보았을 뿐인데, 사방에 이렇게 많은 발자취가 남아 있다니……. 우리가 쓰는 돈, 오가는 도로, 문화생활을 즐기는 건물, 공공 행사와 축제 등 생활 곳곳에서 두 임금의 흔적을 쉽게 찾아볼 수 있는걸? 그중에서도 세종 대왕은 우리나라 중심지 한복판인 광화문 앞에 동상까지 떡하니 놓여 있네. 대단하다, 대단해!

아, 잠깐만! 근데 내 일기 내용이 왜 토씨 하나 안 틀리고 알파봇의 데이터에 들어 있는 거지? 아무한테도 보여 준 적이 없는데?

여기서 잠깐!

정조의 흔적이 스며 있는 장승배기

서울시 동작구 한강 근처에 장승배기란 곳이 있다. 잘 알려져 있지는 않지만 장승배기는 정조와 깊은 관련이 있다. 정조는 아버지 사도 세자의 능인 현륭원을 조성하고 수시로 찾아다녔는데, 현륭원에 가기 위해선 한강을 건너 꽤 가파른 언덕을 넘어야만 했다. 그런데 산골짜기에 가까운 언덕이 자못 으슥해서 사람들이 지나다니기가 쉽지 않았다. 그래서 이곳을 지나던 정조는 언덕배기를 지나는 사람들을 위해 장승을 세우라고 명령했다. 곧 천하대장군과 지하여장군의 장승이 언덕배기에 세워졌고, 이후로 사람들이 이곳을 장승배기라 부르게 되었다고 한다.

업적의 세종, 개혁의 정조

이제 정리를 해 보자. 조선 최고의 왕을 가리기로 했으니 두 임금 중 누가 더 뛰어난 왕인지 선택해야겠지? 물론 시대 배경과 가족 관계에서 차이가 나긴 하지만, 그건 어쩔 수 없는 부분이니 채점표에 넣기보다는 각자 알아서 가산점을 주는 편이 낫겠네.

그럼 누가 더 많은 것을 이루었는지, 얼마나 획기적으로 문제를 고쳤는지, 누가 더 백성들을 사랑하고 그들의 말에 귀 기울였는지, 마지막으로 오늘날에 누가 더 많은 영향을 끼쳤는지 등의 기준으로 정리하면 될 것 같아.

어때? 내가 만든 완벽한(?) 채점표에 더 넣을 항목이 있으려나? 혹시 꼭 넣고 싶은 항목이 있다면 각자 직접 만들어서 넣어 보는 것도 괜찮겠네.

	성취도	개혁성	애민 정신	소통 능력	오늘날 영향력
세종	★★★★★	★★★★	★★★★★	★★★★★	★★★★★
정조	★★★	★★★★★	★★★★★	★★★★	★★★

(각자 생각하는 대로 별 점수를 매겨 보라고!)

다섯 가지 부문으로 나누어 살펴봤더니 세종은 성취도, 소통 능력, 오늘날 영향력에서 우세했고, 개혁성에서는 정조가 더 우세했어. 두 임금이 처한 상황이 좀 다르긴 했지만, 결과만 놓고 보면 세종 대왕이 '왕중왕'이라고 할 수 있을 것 같은데…….

흠, 일단 답장을 써야겠군.

☆ 제목 : 조선 중학교 세자에게

▲ 보낸사람 : 멍 박사

받는사람 : 왕세자

조선의 왕중왕을 가려 달라는 네 편지를 받고 두 사람의 뇌 구조부터 성격, 자라 온 환경, 최고의 업적까지 다양하게 분석해 봤어. 그것 하느라고 나랑 알파봇이 엄청 고생했다고.

그나저나 두 임금은 알면 알수록 훌륭하더구나. 세종은 한글이라는 우리 역사상 최대 업적을 남겼고 4군 6진을 개척해 영토를 넓혔어. 정조는 서얼 차별을 없애고 금난전권을 폐지해 상업을 발전시키는 등 개혁 정책을 펼쳤지. 이 모두가 백성을 사랑하는 마음에서 비롯된 것이기에 누가 더 훌륭한 왕인지 가리기가 힘들었어. 세종은 조선의 황금기를 만들었고, 정조는 조선의 르네상스를 이끌었다는 말이 생생하게 느껴지더라고.

두 임금은 나라를 다스리는 사람이 어때야 하는지를 가장 모범적으로 보여 줬어. 유교에서 강조하는 올바른 왕이란 항상 백성을 걱정하고 자식처럼 돌보며, 백성을 위해 늘 고민하고 공부하는 사람이야. 눈이 짓무르도록 정책을 연구하고 백성이 힘들 땐 초가집에 들어가 어려움을 함께 나누었던 세종과 정조가 바로 그런 왕이었어. 모든 면에서 거의 비슷할 정도로 나라를 강하게 만들고 백성을 잘살게 하기 위해 최선을 다했다고나 할까?

그래도 굳이 누가 더 훌륭한 왕이냐고 묻는다면 더 많은 발자취를 남긴 세종이라고 답을 내릴 수밖에 없을 것 같아. 후손들의 삶을 바꾼 한글을 창제했다는 사실만 봐도 누가 더 위대한지 짐작할 수 있는 일이지 않니?

하지만 정조 또한 무시할 수 없어. 뜻을 펴기 힘든 환경에서도 잘못된 것을 뜯어고치려고 무진장 애를 썼으니까. 가끔은 정조가 더 안정된 시대에 살았더라면 어땠을까……, 하는 생각이 들기도 해. 정조를 개혁 군주라고 부르는 데는 다 이유가 있나 봐. 기울어 가는 조선을 붙잡고 마지막 부국강병의 불꽃을 피웠으니까.

거듭 얘기하는데, 역사란 여러 인물과 사건을 통해 스스로 판단해 보는 과정이 제일 중요해. 조선의 왕중왕도 마찬가지! 남들이 그렇다고 고개를 끄덕일 게 아니라, 한 번쯤 몇몇 근거를 놓고 내 생각이 맞는지 점검해 보는 것도 좋지 않을까 싶어.

궁금증이 해결되었니? 궁금한 게 있으면 또 메일 보내렴. 이만 안녕.

**세종과 정조,
왕중왕을 다투다**

첫판 1쇄 펴낸날 2020년 5월 29일
3쇄 펴낸날 2021년 5월 31일

지은이 이광희·손주현 **그린이** 박정제
발행인 김혜경 **편집인** 김수진
주니어 본부장 박창희
편집 길유진 진원지 문새미
디자인 전윤정 정진희 **마케팅** 이상민
경영지원국 안정숙
회계 임옥희 양여진 김주연

펴낸곳 (주)도서출판 푸른숲
출판등록 2003년 12월 17일 제406-2003-000032호
주소 경기도 파주시 회동길 57-9, 우편번호 10881
전화 031) 955-1410 **팩스** 031) 955-1405
홈페이지 www.prunsoop.co.kr **이메일** psoopjr@prunsoop.co.kr

ⓒ 이광희·손주현·박정제, 2020
ISBN 979-11-5675-267-7 44910
  979-11-5675-237-0 (세트)